吉田太一
Taichi Yoshida

あなたの不動産が「負動産」になる

相続・購入する前に今すぐやるべきこと

ポプラ新書
065

あなたの不動産が「負動産」になる／目次

第2章　負動産ババ抜き、負けるのは誰だ　53
～負動産地獄にはまって抜け出せない人たち

第4章　負動産を不動産に復活させる方法

～不動産の有効活用と価値の創造

負動産を抱えてしまったらどうするのか／負動産の活用方法を発見することは社会貢献／いくらお金を生めば負動産でなくなるのか／借主負担のDIY賃貸借の活用による負動産の富動産化／解体し更地にするか、古屋付きのまま売却するか／その土地はすでに死んでいる／地方都市にある空き家の実家を売ることはできるのか／果たして、この土地の売却は成功するのか／実家の所有していた農地を相続した場合／売れない負動産をお金を払って引き取ってもらうことは可能か／売れなくて価値がなくても土地には値段が付いている

第5章　負動産で困らないための対策
～明日からでも行うべき不動産の健康診断

自己所有の不動産売却可能価格の価値を把握する／家族構成を考え、人数以上の余分な物件は即処分する／見込みのない物件を売却し、将来見込みのある不動産に買い替える／できるだけ所有せずにレンタルするという考え方／ライフプランに合わせ、総コストの少ないマンションを購入する／ハザードマップで所有する不動産について確認する／消滅可能性都市は避ける／相続財産はできるだけ不動産以外の資産で残す／どんなマンションを購入すれば失敗する確率は低いのか／たとえプラスの財産でも、不動産の相続は要注意

序章

不動産も遺品と一緒に処分することを望む遺族

～遺品整理屋が不動産屋になって気づいたこと

家制度の崩壊による生活スタイルと不動産事情の激変

親が遺してくれた家や分譲マンションなどの不動産を相続し、資産が増えたと喜んでいるあなた。

その不動産、本当に価値があるのかを確認したことはありますか？

２００２年（平成14年）、「天国へのお引越し」をキャッチフレーズとした日本初の遺品整理専門会社「キーパーズ」を設立して早いもので13年。延べにすると2万件以上の遺品整理のお手伝いをしてきたことになります。

この間、ご遺族の依頼により実にさまざまな故人の生き様や、家族の関係、生活スタイルの変化などを学んできました。

そして、時代の移り変わりとともに、遺族を取り巻く状況も刻一刻変化している現実を知ることとなりました。

その中でも最近、増えているのは、「遺品整理と一緒に親が遺してくれた古い実家や分譲マンションを処分してほしい」という相談です。

過去の日本では、親と長男が同居し、先祖代々の財産である不動産を引き継いできたという歴史がありました。

また、不動産を所有していない親は子どものために不動産を購入し財産を残そうと一所懸命に働き、生涯の半分近くをその支払いのために費やしてきました。

その後、核家族化が進み、親子別居生活が当たり前になった社会では親の家を継いで住むという考え方は少数派となり、親が遺してくれた実家などの不動産は売却して現金化するという考え方が主流へと変わってきたのです。

相続後の活用の仕方は変わりましたが、不動産を相続した子どもたちは、その不動産を売却し一時的に大きな金額を手にすることができたため、親には感謝していたものです。

ところが、近年は人口の減少によって起こる不動産の供給過剰状態により、不動産神話が崩壊し、不動産の価格が年々下がり続け、所有していること自体が〝リスク〟だとまで言われるような時代に突入してしまったのです。

数年前までは「売れない不動産はない」と言い切っていた不動産屋も、「売れない物はいくら値段を下げても売れない」と言うように変わってきたのです。

つまり、相続した「不動産」がいつの間にか「富の遺産」から、「負の遺産」に変わってしまい「負動産」と呼ばれるようになってしまったのです。

負動産は所有しているだけで、資産を食いつぶしていきますので「一刻も早く負動産を手放したい」と沈痛な面持ちで相談に来る遺族が増加しているのが現状なのです。

相談の数が日に日に増えていく中、私は不動産の置かれている現状と今後に興味を持ち、不動産について勉強を始めました。

すると、私の想像を超える事態がすでに起こっていたのです。

果たして、その事態とは……。

遺族からの不動産売却の相談に応えるために

日本初の遺品整理屋が、別会社を起こし東京都知事から宅地建物取引業免許を受けて不動産屋となって約3年が経過しました。

現在キーパーズでは、全国に直営店を置き、年間1500件以上の遺品整理のお手伝いをしております。その遺族より相続した不動産の売却相談の問い合わせが増加し、遺族が相続した不動産の売却のお手伝いを行うサービスを全国の地元不動産会社に協力してもらいながら提供してきました。

もともと家財（遺品）に限定してサービスを始めた私には、不動産が遺品だという認識がありませんでした。しかし相談が増える中、故人が遺した家屋などの不動産も遺品ではないかと考えるようになり、許可を取得し不動産の勉強をすることになったのです。


調べてみると、全国には宅地建物取引業を営む会社は2013年（平成25年）3月末（平成24年度末）現在12万2510業者。営業箇所は25万5000カ所もありました。全産業の中で一番多いそうです。しかし、宅地建物取引業には賃貸住宅の管理や集客などに特化している会社も少なくはなく、売買を扱わない不動産屋も多く存在しています。

さらには相続に関する知識を持ち、それを専門としたサービスを展開している不動産会社が少ないことがわかったため、私の会社で遺品整理と一緒に不動産の相続に関する相談を受けることにしました。そして、従来の不動産に対する価値観が大きく変化してきていることに気づかされたのです。

私もつい数年前までは不動産を多数所有している親戚や知り合いを羨ましく思い、自分も頑張ってたくさん不動産を所有し、万が一の際はいつでも売却できる安心感を手に入れたいと考えていました。つまり、不動産は形を変えた貯金であると思っていたのです。

もちろん、バブル崩壊後は不動産価値が何倍にも跳ね上がったり、売却すると現金が増えるなどと甘いことを考えていたわけではありません。ただ、不動産を所有しているイコールお金持ちという固定観念を持っていたことは事実です。しかし、遺族からの相談を受け、相続した不動産について調べれば調べるほど、「ちょっと待てよ」という気持ちが強くなっていきました。

本書でこれから述べる内容に疑念を持つ方、恐ろしくなる方、理解できない方、また、憤りを覚える方もいるかもしれません。

でも、冷静に考えてみてください。人口減少が始まったということは、現在ある住宅も余ることになりませんか？　さらに新築マンションや一戸建て住宅の建設はいま現在も進んでいるのですから、単純に考えても住宅の供給が過剰になってきているのはご理解いただけると思います。

昨今、各メディアで盛んに取り上げられている空き家問題。現在820万戸以上の居住者不在の住宅があることは多くの方の知るところでしょう。

このように、日本では完全に不動産神話が崩れてしまったという事実を、他人ごとだと思わずに直視してください。現実を知り理解しておかないと、窮地に立たされる可能性があるのです。

特に、相続に伴い不動産を取得した遺族の中には、知らなかったがためにすでにトンデモナイ事態に巻き込まれてしまっている人もいるのです。

遺品整理のお手伝いをする身として、こうした事態を何とか回避してほしい、回避する情報を提供したいという思いで書き進めていきたいと思います。

いつか遺族として相続する人が、相続する可能性のある不動産の現状把握をしておくのは当然のことで、不動産が負動産になる前に、親が所有している不動産に関する予習と、起こるべき事態を想定した準備が今まさに必要なのです。

そもそも全ての土地は国のもの？

高度成長が続いた昭和の時代、不動産を所有することは日本人共通の夢でした。憧れのマイホームの夢を叶えるため、ローンを組み、ローン返済のために働き続けました。資本主義経済におけるこの時代、マイホームを持つことがステータスやブームになったこともあります。ただし、明治時代以前の日本では、不動産を所有するという概念すらなく、土地家屋は借りて、そこで生活をするという考え方が当たり前だったようです。

江戸時代は、全ての土地は将軍家のもの。将軍から大名、大名から町人（商人）や町役に貸し出され、町人は長屋を持ち、大家を雇い、庶民へ賃貸して「家賃」を取っていたそうです。

農地の場合も、小作人は自作農から土地を借りて「年貢」としてお米を納め、自作農はその米を大名に納めていました。今でいう固定資産税のようなものを支払わなければならなかったのですね。

その後、明治6年に〝地租改正〟が施行され、納税者は耕作者から土地の所有者となりました。土地の所有権が法的に証明されたことにより個人財産としての価値が認められ、担保価値や流通物として土地取引が盛んに行われるようになり、土地を担保とした賃借の法行為も認められるようになりました。

その後、人口の増加と高度成長期の経済発展の中で始まったマイホームブームの波に乗り、資産価値としての不動産神話が世の中の注目を集め、不動産バブルが崩壊する1990年（平成2年）まで不動産価格は上がり続けました。

しかし近年では、不動産バブル崩壊後の価値は場所によっては無残なものとなっています。供給過剰や建物の老朽化等により、誰も所有したがらない放置されたままの不動産が全国あちこちに溢れかえっているのです。

時代は変われども人間の生活に欠かせない〝衣、食、住〟。しかし、時代の変化とともに〝住〟に対する考え方が変わりつつあることに、私たちは無関心ではいられません。

大きく分けると、〝住〟にはふたつのタイプがあります。ひとつは不動産を所有してその家に住むというもの。もうひとつは賃貸住宅を借りる契約をし、その家に住むというものです。

不動産を所有するためには、中古物件または新築物件の対価を支払い、不動産登記を行い自分のものとするケースと、相続によって親の不動産を引き継ぎ、自分の名義に相続登記し自分のものにして使用するケースがあります。

賃貸とは、土地を借りてそこに家を建てて住む借地の場合と、地主が建てた一軒家の借家契約を結びその家に住む場合、さらには賃貸借専用の集合住宅（アパートやマンション）に賃貸借契約を交わし住む場合があります。

それぞれの契約形態がありますが、所有するか借りるかは人それぞれの価値観によるところが大きく、いまその価値観の大転換を迫られる事態が起きているというのが本書でお話ししたいことです。

第1章　いつの間にか、不動産が負動産になっていた

～まだ不動産に価値があると信じますか

親の遺した中古マンションによって苦しめられる息子

遺品整理のお手伝いを通じて出会った遺族の中には、「あのとき、相続放棄しておけば……」と、頭を抱えている方が大勢います。

ある遺族は、父親が遺してくれた関東近郊にある築35年の分譲マンションをどうすべきか悩み、途方に暮れていました。息子さんは大手企業に勤め、都内の分譲マンションを購入。夫婦ふたりでしあわせに暮しています。

父親は毎日1時間半かけて通勤し、彼を育て大学まで卒業させてくれました。母親は5年前に亡くなり、ひとり住まいだった父親も半年前に亡き人となりました。息子思いの父親は住宅ローンを完済し、借金もなく、200万円程度の現金も遺し旅立たれたそうです。兄弟のいない息子さんは相続でもめることもなく、スムーズに相続手続きを行うことができました。

相続したマンションは賃貸物件ではありませんので、急いで遺品整理をする必要はありません。落ち着いたら遺品の整理をし、住む予定のない実家のマンションを売却しようと考えていたそうです。

遺品整理の依頼が私のところに来たのは父親が亡くなった半年後。無事、遺品整理のお手伝いが完了したあと、今度は息子さんから不動産売却の相談があり、引き受けることになりました。

ところが、査定価格を出すために同じマンションの売買状況などを調べていくうちに、２ＬＤＫで３００万円前後の物件が複数あったのですが、昨年の取引はゼロ。売りに出された物件のすべてが売れ残っていることがわかったのです。

お世辞にも条件のいいマンションではありませんでしたが、まさかここまでひどいとは想像もしていませんでした。

旧耐震基準の古いマンションで、エレベーターのない4階の部屋。近隣にはエレベーター付きの築年数の浅いマンションの売り物件が多数出ている状況ではどうしても見劣りしてしまいます。せめて1階か2階なら何とかなると思ったのですが、さすがにエレベーターなしの3階以上では、なかなか買い手が見つかりません。

何とかしたいと知り合いの不動産会社に複数声を掛け、協力を仰ぎましたが、1年以上経ったいまでも買い手のつかない状況が続いています。

もちろん、賃貸物件として貸し出すことも考えました。しかし、古いマンションですのでリフォーム費用だけでも200万円以上はかかります。すぐに借り手がつくという保証もありません。仮に、入居希望があっても相場より安くなると想定される家賃では回収に年数がかかってしまいます。さらに最悪の場合、ずっと入居希望者が現れないこともあり得るのです。

恐ろしいのはそれだけではありません。ただ売れない、貸せないだけで済めばいいのですが、マンションは固定資産税以外に管理費用と修繕積立費用が毎月発生します。このマンションの場合、戸数が少ないため一戸当たりの負担が大きく、管理費・修繕積立費の両方合わせると月4万円も支払わなければならなかったのです。

つまり、年間48万円。固定資産税も含めると、このマンションを所有しているだけで、年に50万円以上のランニングコストがかかる計算になります。

すでに述べた通り、父親が遺してくれた預貯金は約200万円。相続後6年経った時点で遺産として相続した現金は使い果たしてしまいます。また、それ以外にも、保険代や交通費などを考えると、3年以内にはマイナスに転じ、売却などの手段を講じない限り、それ以降も年50万円の出費が続くことになります。

まるで、返済しても返済しても元金が減らない借金地獄に陥ってしまったかのようです。

現在、このように親が所有していた不動産を相続しただけなのに、なぜ支払い義務を背負わなければならないんだろうと悔やんでいる人が少なくないのです。

もし、みなさんがこの方と同じような状況に置かれたとき、父親が亡くなった時点で相続をせず相続放棄をするという選択ができますか？

多くの人は相続後の売却や賃貸しが容易だと思い、疑うことなく相続し、売却や賃貸で収入を得ることができると思い込んでいるのです。

この遺族のように、親の相続をしたことによって、結果として負債を抱え込んでしまったという人が急増しています。そして、それは決して他人ごとではありません。

こうした落とし穴にはまらないように、相続が開始される前に親名義の不動産についてしっかりと調べ、親が遺すと予想される不動産の資産価値を把握しておくことは今後とても重要になってきます。

もはや、結婚、マイホーム、マイカーは日本人の夢ではない

高度成長期の日本では、多くの人が成人したら良い会社に入り、結婚し、マイホームとマイカーを手に入れることを目標としていました。さらに、裕福になり別荘を所有することは、夢でもありステータスでもありました。

1965年（昭和40年）から始まったいざなぎ景気の時期には、人口も年々増加し、全国のあちこちで土地開発や住宅建設が行われました。国民の所得も上がり続け、不動産の価格は必ず上がるという神話が確固たるものとなっていきました。

しかし、そんな夢のような日々にも終わりがやってきます。1991年（平成3年）のバブル崩壊を機に、不動産価格の下落が始まりました。徐々に少子化が叫ばれるようになり、人口が減少し始めます。そしてマイホーム、マイカーを持つこととイコールしあわせという考えにも変化が起こっていきます。しあわ

せの意味も価値も多様になってきたのです。

さらに核家族化が進み、未婚者が増え、単身世帯が総世帯の20％を占めるようになり、社会構造の変化や生活スタイルの多様化に伴い不動産に対する考え方も変わっていきます。こうした状況下では、マイホームを所有するより、ワンルームマンションなどの賃貸住宅での生活を選択する世帯が増加するのも当然なのかもしれません。

同時に、30年以上前に開発された東京などの大都市近郊の新興住宅地は時間とともに住民の高齢化が進み、開発当時には営業していた商店の廃業やスーパーの撤退が相次ぎます。住民の足となっていたバスの便数の減少や廃止などによって、不便な陸の孤島と化し、人が住んでいる家は激減。歯抜け状態となり空き家だらけとなっています。

周辺に勤め先もないこのような地域に住んでいた若者のほとんどが転居し、高齢化率が50％を超える〝高齢タウン〟や〝高齢団地〟が全国に無数に存在しています。今後、ますます高齢化が進むことが確実な日本で、こうした地域は後期高齢者にとって不便極まりない場所となってしまいました。

こうした背景の中、年齢を問わず単身者が住まいとして選択するのは交通の便の良い駅前のマンションということになります。つまり、不動産を所有するのであれば、価値が下がりにくい好立地以外は考えられないわけです。

高度成長期に造成され、国民の夢が詰まったニュータウンの比較的広めの庭付き一戸建ては、単身者や夫婦だけの世帯やマイカーを持っていない世帯にとっては何の魅力もなく、今や選択肢にも入りません。つまり、今後需要が拡大する見込みがほぼゼロなのです。

おそらく数年後には住宅団地全体が老朽化して空き家率は50%を超え、さらに数十年後にはゴーストタウンとなってしまうでしょう。

人気だったリゾートマンションが10万円でも買い手がいない

高度成長期には、マイホームやマイカーを手に入れた人たちが、さらに別荘やリゾートマンションを所有することに憧れ、スキー場近くには数多くのリゾートマンションが建てられました。

しかしいま、富裕層の仲間入りをした証として別荘やリゾートマンションを所有し、利用していた世代の相続人が悲鳴を上げているのです。

以下は、スキー場近くにあるリゾートマンションの不動産広告です。


価格10万円!!

「１９８３年10月（築31年６カ月）　専有面積25・25平米　間取り１Ｋ」

ＪＲ越後湯沢駅からバスで10分、徒歩５分

「えっ！　リゾートマンションが10万円で手に入るんだ」と驚いた方も多いでしょう。しかし、このようなマンションはいま、全く買い手がつかなくなっているのです。

たとえ販売価格が10万円だとしても売れないのです。

スキー場までは徒歩約10分。東京駅からは上越新幹線で１時間半ほどで行ける物件です。しかも、大きな会社が建設した立派なマンションです。10万円なら購入したい人、購入できる人はいくらでもいるはずです。

私自身、この程度の値段なら買っておこうかと考えたこともありました。しかし、仕事が忙しく、年に何度も行く機会はありません。年に1～2度行く程度ならホテルに泊まった方が良いと考え、購入には至りませんでした。しかも、所有してしまったら使用しなくても固定資産税がかかります。

私の場合は、こうした理由で購入を思い留まりましたが、年に何度もスキーに行く人にとっては数回のホテル代より安いし、行くたびに東京からスキーを持っていく必要もないのでメリットがあると考える人がいても不思議ではありませんよね。

ところが、まったく売れないのです。

さまざまなメディアで取り上げられていますので、すでにご存じの方も多いかと思いますが、バブル崩壊後からリゾートマンションや別荘地の価値の崩壊も始まっていたのです。

では、なぜ売れないのか、売れない理由を考えてみましょう。

まず1つ目の理由は、1時間半から2時間程度で行けるリゾートスキー場などは、東京からの日帰りが可能なので宿泊する人が減った。

２つ目は、食事付きホテルが格安で宿泊できるようになった。

３つ目は、スキーを自宅から持っていかなくても運送会社が安い料金で運んでくれる。

４つ目は築年数が経ってしまった物件はすでにおしゃれなイメージがなく、室内が古くて使いづらい。

５つ目は分譲リゾートマンションを所有すると、固定資産税以外にも修繕積立費や管理費用が毎月5万円ほどかかる。さらに、たとえ使っていなくても水道代が毎月徴収されるところもあるようです。

また、温泉やトレーニングルームなどの施設を備えている所が多く、住居以外の共有施設の管理費、特別積立金などの費用がかかる場合もあります。そのため、物件自体の価格は10万円だとしても、入居時に別途１００万円以上のお金がかかり、所有後は年間数十万円ものランニングコストが必要になります。

そう考えると、たとえ年に宿泊費として30万円使ったとしても、設備が整い、サービスの良いホテルに泊まった方が断然お得なのです。

私の知っている東京都内に住む80代のご夫婦も売るに売れないリゾートマンションにまつわる支払いに頭を抱えていました。

年金暮らしとなった彼らに、いまその負担が重くのしかかってきているのです。

また、こうした負担から管理費や修繕積立費が滞納されたままの物件も多いようで、このような物件はたとえ1円で落札しても、数百万円単位に膨らんだ滞納共益費の負債を落札者が承継、負担しなければならなくなるということになりますので「誰が、そんな物件を買いますか……」となるのは当然です。

10万円でも買い手がいない理由は、もうおわかりですよね。

もはや物件自体の価格が10万円だとしても、年数十万のランニングコストを考えると、かなり割高な買い物となってしまい現実的ではありません。

さらに、注意しなければならないことがあります。

高齢の夫婦や伴侶に先立たれた高齢者が、取引価格が安いという理由でこのような別荘や中古マンションを購入し、移り住んでしまう例です。温泉付きリゾートマンションは、都会から離れてのんびりと老後を過ごすには最適だと考えるからでしょう。

購入した本人が住んでいる間はそれでいいのかもしれませんが、所有者である本人が亡くなった後、相続すればマンションの所有権と同時にランニングコストは、その遺族が相続することになりますので、年数十万円のコストを払い続けなければならなくなります。それが、10年、20年と続いたとき、その額は一体いくらになるのでしょう。

もし、あなたの親が安いリゾートマンションや別荘を終の棲家として考えているようであれば、購入せず、賃貸契約での入居を勧めるべきです。

もし、すでに購入してしまったというのであれば、親が亡くなった際は相続放棄することも考えておいてください。

もちろん、お金をかけてもリゾートマンションを所有したいという人はいつの時代もいるでしょう。

しかし、そのような方は古くて安い中古物件をわざわざ選んで買う必要はなく、新築や築年数の浅い数千万円規模のものを選ぶのではないでしょうか。

これまで述べてきたように、リゾートマンションや別荘を所有することは、それをステータスだと考える人以外にとっては、もはや魅力あるものではなくなってしまったのですね。

都心まで1時間前後のファミリー向け中古マンション暴落の悲劇

ある故人の息子さんと一緒に、新築マンションを35年前にローンを組んで購入しローンを完済した場合、総額でいくら支払ってきたのかをざっくり計算してみたことがありました。

その方の父親が35年前に購入した分譲マンションは、都心までの通勤時間が1時間以内という当時は人気の物件で、購入時の販売価格は2000万円。35年のローンで設定すると、金利によって変動しますが1カ月約8万5000円前後の支払いとなりますので、支払総額は8万5000円×12カ月×35年ですから、おおよそ3570万円です。

さらに、月々8万5000円のローンのほか、管理費と修繕積立費が月額3万円ですので3万円×12カ月×35年で1260万円。35年で元本返済と金利以外に1260万円を支払っていたことになります。また、固定資産税も毎年支払いますので、仮に年間10万円だとしても350万円。

合計すると、3570万円＋1260万円＋350万円＝5180万円となります。2000万円をキャッシュで支払った場合は別ですが、ローンを組むと、35年間で物件の価格である2000万円以外に3180万円を支払ったことになります。

あくまでざっくりとした計算ですが、この金額を見た息子さんからは思わず「えっ！」という驚きの声があがりました。これには水回りや建具の修理などの金額は含まれていませんので、実際にはこのマンションに住むために支払ってきた金額はもっと高い可能性があります。

私自身、改めて計算してみて正直驚きました。

この方の父親も、購入時には夢のマイホームが手に入るよろこびや汗水たらして稼いで返済していく意気込みで希望に満ちてローンを組んだのでしょう。

そして、ローンの支払いが終わると自己資産となるわけですから、万が一のときは売りに出して、ある程度まとまったお金になる「富動産」だと思っていたことでしょう。

しかし現実は厳しく、売るに売れない、貸すに貸せない物件となり、それでも管理費や修繕積立費、そして固定資産税を払い続ける「負動産」になってしまったのです。

この息子さんは、そんなに高望みすることもなく、そこそこの値段で売れればいいと思っていましたが、2000万円で購入したマンションなので、悪く見ても800万円以上の価格がつくのではないかと予想していました。

ところが……、勘のいい方ならおわかりでしょう。近隣の同様物件の売り出し価格は、予想金額の半分の400万円でした。

こんな計算をするとさらにがっかりしてしまうかもしれませんが、35年間に支払った金額から売れた場合の金額を引くと、5180万円－400万円で4780万円です。4780万円を420カ月で割ると1カ月当たり、11万3800円となり賃貸に住み、月々11万円～12万円の家賃を35年支払い続けたのと同じ計算になります。

しかも35年前であれば、たとえ新築でもこの辺りの家賃が11万円もすることはなかったので、結果割高となってしまったわけです。

　この息子さんは、すでに自分でマンションを所有し住んでいますので、高値で売れなくとも生活に支障が出るわけではありませんが、このまま売れない期間が長引けば、管理費と修繕積立費、そして固定資産税を負担し続けなければなりません。あとは、この物件がこれ以上値下がりせず、早く買い手が見つかることを祈るしかありません。

　負動産は一刻も早く手放したもの勝ちという理由と実例をご紹介しました。

実家を守り、後世に引き継ぐという考えの変化

　ひと昔前までは、「長男には先祖代々の実家を相続させる」というのが当たり前でした。遺言書にもそう書かれていたのではないでしょうか。先祖代々といっても江戸後期から明治以降の話ですが、ご先祖さまが残してくれた土地家屋は守り続けなければいけないというイメージがありました。

　そして、いまでも守り続けたいと考える人もいれば、それを重んじる地域もあります。一般的には長男が親と同居し家を継ぐというのが通例で、長男が生

まれなければ養子をもらい、その家の名前と先祖代々引き継いだ土地を守ろうとしたものです。

さらに、土地家屋は一族の財産だという認識が一般的であり、土地をたくさん所有することは名誉でありました。一国一城の主である(自分の領分を持つ)ことが理想とされたのです。自分の領土、すなわち土地家屋などの不動産を持つことが重要だったのでしょう。

ところが、そうした考え方は昨今の社会構造や生活スタイルの変化や、家族の在り方にも適合しなくなってしまいました。実家を継いで住み続けることも、家業を継ぐという考え方も現実的ではなくなってきています。核家族化が進み、地元を離れて仕事が集中する大都市圏に移り住んだ人たちは、そこで家庭を持ち子どもを産み育てるようになりました。

生まれ育った場所が孫世代の地元となるわけで、祖父母の住んでいる地域はもはや地元ではなく、おばあさんおじいさんが住む田舎以外の何ものでもありません。地元と田舎は少し違いますよね。世代によって、郷里となる場所も変化していくのです。

高度成長期とともに若者が地元から都市へと流出し続けた結果、地方では人口減少が続き、使われない土地、住まなくなった家が目立つようになりました。世の常として、供給過剰になると全ての販売価格は下がっていきます。

そしていまや、その供給過剰は地方都市だけの話に留まらず、首都圏周辺地域にまで迫ってきているのです。すでに都内の一部地区においては需要のない不動産（売れない貸せない）物件が目立つようになりました。

そうです。土地は上がり続け、不動産を持っていればお金に換えられると言われた不動産神話は崩れ、富を生むはずだった不動産が負債に転じる時代に突入したのです。

少子高齢化に人口減少、こうした状況でバブルの再来はあり得ません。すでに「負動産」を所有してしまっている人は、それを手放すことができないのならば利用方法を考えるしかありません。誰かが考えてくれるのを待つのではなく、不動産をどう活用するかは自身の知恵と工夫次第。負動産からの脱却を自分で考える努力が必要な時代になってしまったのです。

投機目的のワンルームマンションの考え方の変化

ワンルームマンションを購入して、老後の年金対策にしようと考えている方もいるかもしれません。毎月の家賃収入でローンを完済し、その後は家賃収入が年金生活に入ってからの不労所得になると計画を立てている方です。

しかし、じゅうぶんに物件や地域を精査してから購入しないと、募集しても入居者が入らず空室状態が続き、収益が全く上がらなくなるかもしれません。

現況では東京都でさえ空室率が15～20％という地区が多くなっているのです。今後人口が減り続ければ間違いなく、空室率が上がることになります。

物件の場所や環境、利回りを考えてどれぐらいの期間で回収すればいいかはオーナーの懐具合によって変わってきますし、所有件数によっても変わります。また、ほぼ回収が終わりつつあるオーナーと最近オーナーになった人では状況は全く違うでしょう。株式同様、状況の見極めが重要なのです。

長年マンションを経営し、償却が終わっていてゆとりがあれば、リノベーションにより価値を高めることができるでしょう。しかし、ここ数年でオーナーになった人の中には、すでにババ抜きゲームにはまっている人もいます。予定していた額の家賃では入居者がつかず、やむなく家賃を下げ、計画を大幅に延期して回収せざるをえない物件もあります。

よく考えてみてください。

需要が途絶えない好立地のワンルームマンションはもちろんあります。しかし、こうした利益が確実に確保できる価値の高い物件情報はそうそう簡単に手に入れられるわけがありません。しかも、稼げる物件を所有している人がそれを承知で手放しはしないでしょう。

基本的にはお手頃価格で稼げる物件が出回ることはないと考え、老後のためにワンルームマンションを持とうと考えている人には再検討をお勧めします。これからは不動産で儲けようとすること自体、基本的に難しい時代です。投機目的で購入するのであれば、業者に頼らず自らがしっかりと勉強し、不動産業者並みの知識を持たないとほぼ失敗すると思ってください。

自身の資産状況や年齢、20年後30年後の不動産価値、利回りなどを十分に考えた上で、妥当性がありメリットがあるかどうかを熟慮しないと、ランニングコストさえも回収できない「負動産」を持つことになりかねません。

営業マンの口車に乗ったり、友人が投資物件として購入した話を聞いて、儲かりそうだと安易に考えて購入することがないようご注意ください。

不動産は必ず上がる、必ず売れるという幻想

「いま、日本の不動産価格は上がっていますか、下がっていますか？」

こんな質問を社会人にすると、多くの人が一部地域を除いては価値が下がっていると答えることでしょう。人口減少が始まり、需要と供給のバランスが崩れているいま、基本的に不動産は余っているわけで、誰も住まない家が増えるのは当たり前ですよね。

そして、不動産価格は下がっていくのですから、バブル期のように不動産を転がし儲けようとする時代ではなくなりましたし、さすがに今後また不動産バブルが再来するなんて思っている人はいないでしょう。

ただ、頭ではわかっていても、なかなかその事実を認めたくない人もいます。

戦後から続いた高度成長と人口の増加に伴い不動産は上がり続け、国民の資産の大半が不動産に化けていきました。国民のほとんどが、銀行の預金よりも

効率がよく、値段は上がり続け、住むことも貸すこともできる資産として不動産を手に入れようと一所懸命働いたのです。

そして、実際に不動産価値は上昇し、不動産の転売によって大金持ちになった土地成金と呼ばれる人たちがたくさんいました。

しかし、こうした不動産神話もバブルの崩壊と同時に泡となって消えてしまったのです。あちらこちらで破産に追い込まれる人、不動産は残ったもののお金がなく相続税が払えない人が続出しました。

「不動産をたくさん相続して羨ましいと言われるけど、親父は預金をほとんど残さなかったので、不動産を売却しないと税金が払えないんですよ」と嘆いている相続人の話を聞くこともよくあります。

土地が上昇し続けた時代を経験していない相続人が、「こんなに不動産を買うお金があったら、現金で残してくれればよかったのに」と思うのは当然です。でも、不動産を遺した当人は、家族のことを思って頑張って働き、後世も富の象徴であり続けると信じていたのです。原価割れしてでも売れればラッキー。売れない、貸せない、重荷となるとは露ほども思わなかったことでしょう。

不動産に多額の資産を投入した人にすれば、不動産価値が下落してしまった事実を認めたくないでしょうね。いざとなったらすぐにでも現金化できると信じたい気持ちは簡単には拭い去ることはできません。

もちろん、まだまだ不動産の価格が下がらない地域もあります。万が一、そうした地域に不動産を所有している人がいて、その人の話を聞いたとしても、自分が持っている不動産も同様に価値があると錯覚しないように気を付けてください。そういう地域にたまたま不動産を持っていた人がラッキーなだけなのですから。

入居者の4／5が同意しないため建て替えができない

私は、築年数が経過した建物の老朽化問題で憂鬱な日々を送っている方の相談に何度も乗ってきました。実際に、建て替えが必要な時期にさしかかってきた分譲マンションなどの物件が国内随所に見られるようになりました。本来は、すぐにでも建て替えや補強工事をしないと危険なのに、工事の目途は全く立っていないという物件が国内には山ほどあり、そこに住み続けている人が相当数いるのです。

恐ろしい話です。しかし、分譲マンションのような「建物の区分所有等に関する法律」によって規制されている建物の場合、ある個人が建て替えたいと思っても打つ手がないのが現状です。

なぜならば、大規模修繕や建て替えなどを行うにはもちろんお金が必要になります。そのために区分所有者から月々修繕積立費を徴収し、管理組合が積み立てているのです。そして当然のことですが、管理組合が区分所有者から預かっているお金を使う際には、所有者全員の意見を確認し、４分の３以上の了解を得ないと勝手に使うわけにはいきません。大規模修繕なら、積み立てられた修繕積立費の範囲内で賄えるかもしれませんが、建て替えの費用までは賄えるはずはありませんので、改めて各区分所有者が建て替えに要する費用を出費しないといけない場合が多いのです。

様々な所有者が住む分譲マンション。区分所有者の事情も懐具合も人それぞれですので話がスムーズに進むことは稀だと言わざるを得ないでしょう。

建て替えをすることによってメリットのある人もいればデメリットの方が大

きい人もいます。新たな費用を捻出できない人も多く、区分所有者すべての意見が一致するのはそう簡単ではありません。

反対者がいた場合、それを無視して一方的に工事を進めるわけにはいきません。所有権を持った人がそこに住み、そこで生活をしているのですから、いくら同じマンションの住民といっても無理に仮住まいに引越しさせるわけにはいきませんよね。

戸建てと違い、戸別の解体や工事ができない集合住宅では、修繕、建て替えに備え管理組合を置くこととされています。管理組合はいわゆる「区分所有法」に則って決を採ったり、議案をまとめたり、収支報告書の作成をしたりするのですが、管理組合があることと話がまとまるかどうかは全く別の話です。

国土交通省の統計では、全国で建て替えを視野に入れなければならない1981年（昭和56年）以前の旧耐震基準の物件は約106万戸もあるらしいのですが、建て替えが実現したマンションは数%にも満たないそうです。

好条件で容積率に充分な余裕があり、人気の地域で、建て替え後は住戸数を増やすことができる。それを分譲することで建築費とデベロッパーの利益が出る。こうした場合には建て替えも可能となり、各区分所有者の負担額がゼロになります。でも、こうした条件が整うケースは稀で、老朽化したマンションの建て替えには区分所有者への高額な負担金が発生するのが実情です。

また、全区分所有者の５分の４が賛成すれば建て替えは可能ですが、容積率に余裕がないマンションですと、建築費は１００％区分所有者の自己負担になることも考えられます。

このような実情を知らずに中古分譲マンションを購入した人の中には、10年後20年後ローンの支払い半ばで建て替えが決まり、頭を抱える事態に陥る人もいるかもしれません。

実際にこうしたマンションを購入してしまい、建て替え派と反建て替え派の対立に巻き込まれ、そこで生活することすら辛いという人も少なくありません。だからといって、転売が叶っても原価割れ。新たなローンを組むこともできません。まさかマンションを買ったことで我慢を強いられることになろうとは……、今更嘆いてもどうしようもありません。

このようなことからも、中古マンションを購入する際は築年数だけでなく、10年後、20年後に発生するかもしれない建て替えについても視野に入れ、必ず確認するようにしてください。

管理組合が保管している過去の議事録の閲覧を求めて、媒介契約を結んでいる不動産業者の担当者と一緒に内容を把握しておくと良いでしょう。

旧耐震基準のテナントビルを相続したはいいが……

住宅の相続ではありませんが、ある町のテナントビルを相続したビルオーナーのお話です。

それは1980年（昭和55年）以前に建てられた旧耐震基準のビルです。駅前にあり立地条件は良かったのですが、東日本大震災の後、テナントが一斉に新耐震基準のビルに移転。1階の店舗と3階のクリニックのみが転居せずに営業を継続していました。とてもいい場所なので、こんなに空室が多いなら家賃も安いのではないかと思い、私も借りようかと考えたことがありました。

もちろん、旧耐震だからといって今すぐ危険な状態というわけではありませんが、ここまで空室だらけではビルの経営としては成り立ちません。一度取り壊して建て替えるか、ビルごと売却するなどの策を講じたいところですが、そうもいかない事情がありました。問題となったのが3階にテナントとして入居しているクリニックです。

クリニック側も新耐震基準のビルに移転したいのは山々です。ただし、移転すればいまよりも大幅に家賃が高くなるだけでなく、医療機器などの設備の移設に数千万円の費用がかかるため、それを捻出するのは簡単ではなく、移転したくてもできないのです。

事情を察したオーナーも、費用を負担してまで移転してくださいとは言えませんので、それ以降、移転や建て替えについての話は一切しなくなったということです。

さらに、追い打ちをかけるようにアスベストを使用していることがわかり、解体費用が通常の倍ほどかかると判明しました。こうなると新しい入居者も募ることができません。オーナーは、家賃収入を上げられないままそのビルを所有し続けているのです。

このような悪条件がそろっている物件をまるごと購入しようという奇特な人は、銀座の一等地でもない限り採算が取れないので現れることはありません。

これからも、このビルのオーナーは現状維持のまま、大きな地震が来ないことを願うしかないのです。

あなたがもし、このビルのオーナーだったらどうしますか？

それでも住宅建設が止まることはない

こうした話ばかりをしていると、バブル崩壊後の不動産を所有するメリットはまったくないじゃないかと思う人が多いでしょう。

ましてや、このような本を出版することで不動産の所有願望が低い人が増加し、住宅の建設や不動産の流通が鈍化してしまい経済がどんどん疲弊していくのではないかと言われそうですね。

しかし、多くの不動産会社は、この本で述べている内容はずっと前から知っていました。あえて口に出さずにいただけのこと。不動産事情や経済についてよくわかっていれば、何を今更と言われるようなことなのです。

ここ数年で顕在化してきた空き家問題も、実は以前から予想されていました。少子高齢化と人口減少は住宅問題とは切っても切り離せません。こうした話題をメディアが取り上げる機会が増えてきた時点で、すでに対応の遅れを指摘せずにはいられません。国民の関心事となった空き家問題、もはや誰にとっても他人ごとではないのです。

不動産は大きな買い物。人生に大きな影響を与えますので、資産価値が減少していく流れの中では、所有せずに利用するべきだと考える人が増えるのは当然です。こんな現実を知ってしまうと、不動産の購入を思い留まる人が増えても仕方ありませんよね。

ところが、２０１４年（平成26年）の新設住宅着工戸数は、全体で89万２２６１戸。新築分譲マンションや土地付き新築一戸建ての需要は減ってはきたものの、まだまだ着工し続けています。マンションや建売住宅を含めた分譲住宅においても、23万７４２８戸と前年比で10％減ってはいますが、それでもまだまだ建て続けられているのが実態です。

それだけ建設需要があるという理由のひとつは、不動産を自己所有したいという夢や憧れを持つ希望者がたくさんいるということでもあるのです。

「いまでも余っているのに、これはえらいことだ……。誰か建設を止めてくれ」と言いたくなる人もいるかもしれませんね。

しかし、日本国内の住宅建設における経済効果は非常に高く、住宅建設を停止すると、空き家問題以上の社会問題となってしまいます。

日本の人口が仮に8000万人になったとしても、人気の地域や住宅は当然存在し続けるのですから、その時代、時代に値上がりする不動産も存在し続けます。よって、不動産の建設需要は今後も途絶えることがないのです。

建設が止められないとしたら、空き家をどう活用するか。これこそが今後最大の課題だということが鮮明になってきました。

第2章　負動産ババ抜き、負けるのは誰だ

〜負動産地獄にはまって抜け出せない人たち

2020年以降に売れ残った負動産はトランプのババ

バブル経済とともに不動産神話が崩れ、富の象徴だった不動産が〝負動産〟となる日が来るとは誰が想像していたでしょう。

私でも、いまだに不動産の所有には大きな魅力を感じていて、「この物件いいなあ」と眺めてしまうこともよくあります。しかし、利用頻度や月々のランニングコスト、将来の相続などを考えると、「購入はやめておいた方が賢明だろう」と思い留まるのです。

不動産業を営んでいると、よくこんな会話を耳にします。

「売れない不動産ってゴミよりもたちが悪いよね。親が遺してくれた不動産を相続したはいいけど、通勤には不便だし、すでに自分のマンションも買っちゃったしね。しかも、売りたいのに古くて売れなくて困っているんだ」

親が遺してくれた不動産に手を焼くとは、相続するまで思いもよらなかったのです。

「売値が高すぎるんじゃないの？」

こんな疑問を持つのも当然でしょう。

「いや、そんなことないよ。3LDKで300万円だからね」

「えっ、300万円？　いくら古くても3LDKのマンションが300万円って安くない？　それでも売れないの？」

「安いだろ。ひと昔前じゃ考えられないような価格なんだけど、それでも買い手がまったくつかないのが現状だから、困っているんだよ」

「じゃあ、賃貸にして貸せばいいじゃない？」

確かに、売れなければ貸せばいいと思いますね。

「いや、それも無理なんだよ。なぜって月々の家賃が6万円だとして、年に72万円。4年も住んだら家賃の合計金額は288万円になるわけだから、それなら300万円で買った方が得だと思うでしょ。それでも買わないいんだよ」

「だったら、家賃をもっと下げればいいじゃない？」

貸すなら貸すで、新たな費用が生じてきます。

「古い物件を貸すには、水回りなどのリフォームもしなくちゃいけないだろ。最低でも100万円ほどかかるわけで、そうするとたとえば4万円に家賃を下げると、そのほとんどは月3万円の管理費と修繕積立費と、固定資産税に消えてしまい、リフォーム費用が回収できるのは何年先になるかわからないんだよ。それでも貸しますかって話になってしまい、どん詰まりなんだ」

「不動産を相続するとゴミよりもお金がかかるってことなんだね。ゴミならお金を出せば引き取ってくれるし、管理費や修繕積立費、固定資産税もかからないものね」

「まったくだよ、親には申し訳ないけれど完全にババ抜きのジョーカーを引かされたようなものだよ」

負動産を相続するということイコールババ抜きのジョーカー。

一所懸命働いて富動産を遺したと思っている親御さんはこの状況を草葉の陰でどう思われているでしょう。

「じゃあ、どうしたらいいの？　永遠に管理費や修繕積立費、固定資産税などのランニングコストを払い続けることから逃げられないの？」

「ジョーカーを引いてくれる人が現れるまではね。不動産が盛んに流通していた時期ならともかく、誰も買わなくなったってことはこの物件はすでにゲームセット。ジョーカーを持ったまま途方に暮れてるってわけさ。こんなことになるなら、相続放棄しておけばよかったと後悔してるけどね」

借金のない親の相続なのに、相続放棄という選択肢を考える必要があったなんて気づかなかったと、後悔し続ける相続人が、ここ数年増える傾向にあります。

「じゃあ、不動産を所有する意味ってなんだろう？　ずっと、不動産があればいざというときには売ってまとまったお金になると思っていたんだけど、そうでもなさそうだね」

「そうだね、こんなことなら賃貸住宅を借りていた方がずっと気が楽だし、自分が死んだ後も遺族に迷惑をかけずに済みそうなんだよね」

このように親の遺産を相続して1年以上経ってから、ババ抜きのジョーカーを引いてしまった事態に気づく人がほとんどです。

今後ますます人口が減り続けるわけですから、不動産の供給過剰が必至の日本。おそらく日本の宅地の半数以上がすでにゲームセットの地域なのかもしれません。

住まない、活用できない不動産は〝負動産〟と言われる金食い虫。その不動産に関わる管理費、修繕積立費、固定資産税などの支払い義務はまるでアリ地獄。ここから抜け出すことは現在の法律では難しいのです。

２０２０年の東京オリンピック、パラリンピック開催に向けて、首都圏の一部には価格が上昇している地域もあります。しかし、全国に影響するほどの効果はありませんし、オリンピック終了後は一気に価格が下がるのではないかとも言われています。そう考えると、今のうちに不要な不動産は売却するべきかもしれません。

まだゲームセットになっていない地域で、今後〝負動産〟になる可能性が高い物件を抱えている人は、今すぐそのカードを引いてくれる人を探す努力をすべきです。必要以上の不動産を所有するには、30年経っても需要がある地域をしっかり見極めることが重要です。

もし、親の不動産相続が現実になったとき、あなたは相続放棄という判断が即座にできますか？

いざというときのために、備えあれば憂いなし。事前に不動産の健康診断（査定）を行い、現状の把握をお勧めします。

負動産は手放すが勝ち、さもないと固定資産税から逃げられない

　では、実際に価値のない不動産を所有してしまった場合はどうしたらいいのでしょうか？

　プロの不動産屋や、ベテランの営業マンに依頼しても、売れない物件は売れません。不動産仲介会社は売るためのお手伝いをしましょうというだけです。実際に私たちがお手伝いしている売買仲介物件の半分以上は1年以上問い合わせすらない状況が続いています。

「何とかしてくださいよ。いつになったら売れるのですか」

　焦る気持ちを抑えきれず何度も問い合わせがあるのですが、押し売りするわけにもいきません。ついには、「無料で良いのでもらってくれる人はいませんか？」「いくら払ったら引き取ってもらえるのでしょうか？」という話も出始めている状況です。

　たとえば、お金を支払っても、何とか不動産の登記名義人を変えることができれば晴れて無罪放免。固定資産税等を払い続ける必要はなくなります。

　お金を支払っても余分な不動産は自分の代で整理を済ませ、子孫に迷惑をか

けないようにしておきたいと考える人もいらっしゃいます。

もちろん、お金に余裕のある人でないとできない決断ではありますが。

5年ほど前にも、ある不動産会社がどうしても売れない不動産を解体費を含め300万円をもらって引き取ったそうですが、その後200万円ほどかけて家屋を解体し、更地にしてから2年経ってようやく100万円で売却できたとホッとしていました。運が悪ければいまだに売れ残っていたかもしれません。

不動産のプロとはいえ、1年以上の販売努力をし、価格を下げても売れないものは売れないのです。

その不動産会社の社長は「もうあんな危険なことはできないよ。1000万円くれるなら話は別だけれどね」と冗談を言っていましたが、それほど不動産を手放すことが難しい時代になってきたのです。

すでに述べたように、誰も住んでいなくても、有効活用できない負動産でも、固定資産税から逃れることはできません。相続人は納税義務を果たし続けなければならないのです。

こうした、負動産から逃れるということは、購入者や譲受者に「自分の代わりに固定資産税を払ってください」と言っているようなものです。

ちなみに、固定資産税は地方税収の50%前後を占めています。よって、固定資産税の軽減措置などを行ってあなたをアリ地獄から救ってしまうと、地方財政が逼迫《ひっぱく》してしまい地方自治体が破たんすることになりかねないのです。だから、永遠に逃れられないということなのです。

つまり、活用できない負動産は誰かが興味を示してくれている間にバトンタッチして手放すことが鉄則です。「逃げるが勝ち」と言い切ってしまうのは少々乱暴ですが、早い段階での決断と運にかかっているので仕方ありません。価値がない不動産の所有者にとって、ほんとうに恐ろしい時代になったものです。

相続で背負ってしまった永久責任から逃れられるのか

相続によって不動産を取得し登記すると、固定資産税の支払い義務を負うことになります。そして、その不動産の価値の有無にかかわらず相続人が

100%義務を負わされるのは酷なお話です。

そのために、相続した不動産に価値がないと判断した場合、固定資産税の支払い義務から逃れる手段として相続放棄があります。

相続する間柄ではない赤の他人へ支払い義務を転嫁するのであれば、一旦相続した後に相続登記をし、自分名義にしてから売却するか、遺言によって第三者への遺贈を指定してもらうしかありません。ただし後者の場合、遺贈される側の承諾がなければなりません。

親が亡くなり、あなたに負動産の相続が発生した場合でも、相続が開始したことを知った日から3カ月以内に相続放棄の手続きを裁判所へ申し立てれば、その負動産を所有しなくてもいいのです。

ただし相続放棄は、故人の財産のうち都合のいいものだけを相続し、都合の悪いものは放棄するといった虫の良いことはできません。プラスの財産もマイナスの財産も全て放棄することが条件となります。たとえば、土地建物や分譲マンションなどの負動産を相続放棄するのであれば、仮に預貯金が1000万円あったとしても、それも放棄しなくてはならないのです。

また、相続人が複数いた場合、相続放棄をしていない人に全財産が相続されます。よって、マイナスの財産が多かった場合でも、相続放棄しなかった相続人が背負うことになるので要注意です。

さらには手続きを放置したままだと、相続をすると表明せず、財産に一切手を付けていなくても、「単純承認」といって相続を認めたとされますのでこれも注意してください。

私は、不動産を取り扱っている会社と遺品整理サービスを専門に提供する会社を経営しており、年間1500件以上の遺品整理のお手伝いをしています。そして、年に何件もの相続放棄についての相談が寄せられます。昨年の相談の中にも、すでに相続放棄を申し立てる期間の3カ月を過ぎてしまったケースが2件ありました。

そのうちの1件は、亡くなった父親に多額の借金があることを知らずに、形式上相続をしてしまったある女性のケースでした。故人には預貯金がほとんどなく、女性は滞納していた家賃と遺品整理の費用を支払い、故人のあと片づけをしました。そして、相続後4カ月ほど経って初めて多額の借金があることを知ったのです。

相談を受けた私は、すでに3カ月を経過していることもあり、もう打つ手はないのではと思いながらも、知り合いの弁護士を紹介しました。すると驚いたことに裁判所への申し立てによって、遺族の相続放棄が受理されたのです。

これは借金があることを全く知らなかったため、申し立てが受理され、相続放棄できたという事例です。

このケースのように、負債がないと信じ、かつ、そう信じたことに相当な理由がある場合は、相続財産の全部または一部の存在を認識したときから3カ月以内に申し立てすれば、相続放棄が受理されることもあるようです。

もう1件は、築35年の中古マンションと3００万円の預金を残し他界した父親の相続人となったある男性のケースです。母親は数年前に亡くなっていたので、相続人は男性と妹のふたりだけ。兄妹で話し合った結果、兄である男性が中古マンションを、妹が3００万円の現金を相続することにしたそうです。

相続後半年ほど経ったころ、自分では住む予定がないため、男性は「賃貸にしよう」と地元の不動産会社に相談しました。すると、マンションが古いために、「200万円以上かけてリフォームをしないと借り手はつかない」と驚きの事実を告げられたのです。

ならば、「安くてもいいので売却しよう」と再度不動産会社に相談したのですが、男性が父親から相続した中古マンションは「もはや買い手が見つからない物件だ」と言われてしまいました。

男性が、借り手も買い手も見つからない負動産を相続してしまったと気づいたのは、相続後半年経ってからでした。

現在、月々の管理費と修繕積立費を3万円払っていますが、このままずっと支払い続けるのは経済的に厳しく、通勤を考えるとそこへの転居は難しいのでなんとかできないかという相談だったのです。しかし、相続後3カ月以上経過してから「負動産だったので相続放棄をしたい」と思っても、裁判所も弁護士も「何とかしましょう」とは言ってくれません。

いま、私の会社で有効利用できる方法を考えながら、売却の可能性を探るお手伝いをしていますが、いまだに1件の問い合わせもありません。この男性には「万が一、購入希望者が現れればラッキーですが、あきらめることも視野に入れておいてくださいね」と伝えてあります。

預貯金を相続した妹さんの方がラッキーだった事例です。

不動産を遺してくれた親を恨むわけにはいきません。親はこんな時代が来るなどとは夢にも思わず、相続人である子どもたちのために必死に働き遺してくれたのです。何ともやりきれませんが、今後、このような負動産はますます増加していくのでしょう。

事前にコミュニケーションをとり負動産を背負わない

たとえば、自分が意思をもって購入した不動産の固定資産税や管理費や修繕積立費などを支払う義務があるのは当然の話ですよね。

しかし、自分の意思に関係なく、相続によって引き継ぐことになった不動産関連のさまざまな支払いに、頭を抱えることとなるのは辛いことです。

たとえそれが実家で子どものころ育った場所だったとしても、独立して何十年も経ち、長い間住んでいなかった家の相続後に生じるさまざまな支払いに関する想定や準備をしている人はそういません。

子どもが親と同居するのが当たり前だった昔と違います。いまは親子別居生活が主流で、その生活が長く続くと連絡を取り合うことが少なくなり、親子だからといって互いにどんな生活を送り、どのような経済状況なのかは全く知らないという家族が多いのは当然です。

また、「親が亡くなった後の相続について」は、近しい者同士の方が話題にしにくいものです。その結果、親兄弟、身内であっても相続の件に触れることなく、そのときを迎えてしまい遺族があたふたすることとなったり、身内同士の争いに発展してしまうことも多いのです。

最近は、終活ノートやエンディングノートに身の周りに関することを明記し、遺族に負担をかけない人生の終い方を心がけている人も増えています。

しかし、実際に家族に内緒にしている借金や支払い金の滞納のある親が、遺族に迷惑をかけないように事前に伝えておくなんてありえませんよね。

また、親が実家の不動産の価値を常に把握しているわけはありません。

よって、遺族になる側の立場である息子さんや娘さんが事前にさまざまな事を想定し、万が一のときに備え、相続についての知識を得ておく必要があるのです。

相続放棄ができるのは、相続が発生したことを知った日から3カ月以内です。3カ月を過ぎてしまうと、原則として相続放棄はできなくなり、相続に関する支払いを承認したことになります。相続についての手続きを一切しなくても、単純承認とみなされ、相続をしますと認めたことになるのです。

一般的にはプラスの財産を相続すれば、「棚ぼた」としてありがたい話ですが、最近の不動産については要注意です。

世間から見るとプラスの不動産でも、実はマイナスの〝負動産〟だったということに後で気づいて手遅れにならないように、事前に家族間でしっかりと話ができる関係を作り、計画的に相続を行えるように準備をしておきましょう。

親が死んだら相続人として何をしなければならないのか、何が遺産として残るのか、相続人は誰で何人いるのか、そして不動産を相続した場合どれほどの価値があるのか、想定できる事柄とその対策をある程度考えておくことが大切です。

車も家も借りればいい、昨今の若者事情

出生率が下がり人口が減少すると、不動産だけでなくさまざまなものが供給過剰となります。物が余れば価格が下がり、生産量は自然に落ちていきます。

こうした経済全体が衰退していくような時代になると、生活環境の変化が起こり、生活スタイルや価値観が大きく変わっていきます。そして、生産年齢が高度成長期に当たった世代、バブル期だった世代、そしてそれ以降の世代間で価値観に大きな違いが生じるのは当然です。

年功序列、終身雇用が当たり前だったからこそ30年、35年などの長期ローンが組めたわけで、以前にくらべ産業や業界の栄枯盛衰が激しい今、転職やリストラは当たり前になりました。定年まで安定した収入が得られる保証がなければ、ローンを組む気にはなれません。

アンダー35と言われる世代は、不動産や車を持つことに積極的ではなく、そ

のときどきの状況に合わせて借りればいいと考えているようです。ローンに縛られてまでマイホームやマイカーを持つことに価値を見出していないのです。

そもそも、自宅の所有はそれなりに経済的余裕がなければ叶うものではありません。そして、それはある意味ステータスであり、資産を増やす手段でもありました。

人は、なかなか手に入らない物に価値を感じ、何とかして手に入れたいという欲求を持つものです。そして、人口の増加に伴い需要が高まっていた時代には、不動産は憧れの的で多くの人が手に入れたいと思っていたのは間違いありません。時代ごとにトレンドはありますが、少し前まで不動産人気は非常に高く、不動産の4番バッターのような存在でした。

しかし、今現在はどうでしょう。4番バッターどころか戦力外通告を受けているのではないでしょうか。

バブル崩壊以降に育った世代の不動産に対する価値基準は大きく変わってきています。リストラに遭い、ローンを返せないと悩む大人を見て育ちました。就職氷河期にやっとの思いで入社したにもかかわらず、3年以内に会社を辞める若者は中卒で7割、高卒で5割、大卒で3割、七五三と呼ばれています。

こうした状況では、長期ローンを組んでまでマイホームやマイカーを所有したいという欲求が失せるのは当然のような気がします。

もちろん、この世代の人たちも衣食住は人間が最低限の生活を送るために必要なものだとわかっています。ただ、その中でも住まいの重要度は下がってしまったように思われます。

だからと言って、この世代の人たちが無計画で、行き当たりばったりの生き方をしているわけではありません。とても合理的で、どの世代よりお金をかけずに生活を愉しむ術を知っているように見えるのは私だけでしょうか。

一生涯職場が同じ場所にあり、終身雇用の保証があるなら、職場の近くに家を購入するという選択肢も考えられます。しかし、一生同じ仕事を続け、同じ職場に通い続ける保証がないと考えている人が圧倒的に多い現状では、マイホームを持つことはリスクとも言えるのです。つまり、不動産を所有するより、賃貸物件に住む方が効率がよく、メリットが大きいと感じている若い世代が多くなってきているのはしかたがないことです。

私には、すでに述べてきたような理由で、「将来に備えてローンを組んで不動産を所有した方がいいですよ」とアドバイスすることなど到底できません。

今後ますますこうした傾向が強まれば、売りたくても売れない中古マンションや古家所有者が増えるのは言わずもがなです。

田舎暮らしと空き家活用、その後の責任と自治体の考え方

最近は田舎暮らしに憧れる人が急増しているようですね。

首都圏に近く2時間から3時間以内で行けるような田舎は特に人気があるようですが、実際に移住して長く住み続ける人は少ないそうです。自然豊かな町で暮らしたいという願望は私にもありますが、現実的なことをあれこれ考えるとさまざまな不安を感じてしまいます。

その不安の原因を挙げてみましょう。

・地域住民との人間関係がうまくいくか不安
・交通の便が悪く、車がなければ生活できないので高齢になったとき大丈夫か
・地域住民の多くが高齢者で、今後過疎化が進んだら生活していけるのか

・病院など医療、福祉機関がこの先ずっと確保できるのか
・夫婦で移住後、どちらかが亡くなった後も田舎暮らしを継続できるのか
・自分が亡くなったとき、相続する遺族がその不動産を有効に活用できるのか

田舎暮らしの良いところは沢山あり、情報もあふれています。私自身も憧れを持っています。インターネットやテレビでも田舎暮らしを実現した人を紹介し、数百万円で手に入るお手ごろな物件も増えてきています。また、地方自治体も地域外からの移住・定住を促進するために、さまざまな支援・助成制度を導入しています。

たとえば、

・農業希望者には、施設を10年間無償貸与する
・1平方メートル当たり年間100円で宅地の利用が可能で、20年後は無償で譲渡する
・移住者が家を新築すれば100万円を支給する
・宅地を3年間無償で貸し付け後、家を建てたら土地を無償で提供する

・移住先の家を15年間借りれば、その家が無料でもらえる
・家の建築に100万円の補助金が出て、宅地の賃貸料が10年間無料となる

中には温泉付きなんて夢のような物件も多く、移住希望者もここ10年20％から30％増加しているそうです。

しかし、良く考えてもらいたいのは、田舎の中古住宅が売りに出ているということはその家に住む人がいなくなったということです。そして、地方自治体が移住者を積極的に受け入れようとしている理由は、過疎化の軽減と地方財源の確保です。

各市町村は、限界集落が増え破たんしていく現実を目の当たりにし、それを食い止めようと必死になっているのです。

けして騙しているわけではありません。

つまり、田舎への移住は、その自治体に貢献することになるのですが、高齢になってからの移住は、その後のライフプランをしっかりと考えておかないと大変なことになる可能性もあります。都会の生活や人間関係に疲れたといって

安易に移住するのは要注意です。

たとえ、いま田舎の物件を無償であるいは購入して所有しても、その家を転売することは難しいでしょう。しばらくの間は移住者が増加しても30年後はどうなるかわかりません。さらに過疎化が進んだ将来、あなたが手に入れた田舎の物件が負動産になることも十分考えられるのです。

もともと田舎に住んでいた住民の子孫が手放した土地家屋です。その家を都会暮らししか経験のない子どもたちが継いでくれる可能性は極めて低いといえます。

つまり、不動産の所有は、その後の管理費用や固定資産税を払い続ける責任を負うわけです。自分が亡くなった後のこともしっかりと考えておかないと、結果的に移住先にも子どもたちにも迷惑をかけてしまうことになりかねません。

こうした状況から、私は行政に次のような提案をしたいと思います。

移住者が亡くなった後、相続人の要望があれば地方自治体が不動産を無償で引き取る仕組みを作るのです。移住者の相続人に負担をかけない工夫が必要だと思うからです。

地方自治体は「一度捕まえたら離さないぞ。ずっと固定資産税を払ってもらうぞ」ではなく、「少しでも長く住民でいてください。もし田舎暮らしをきついと感じ、都会への転居を希望する場合は、所有権を無料もしくは格安で引き取りますのでご安心ください」という姿勢を示せば、移住希望者は覚悟を決めなくても気軽に検討できるはずです。

また、空き家を自治体が買い取り、定期借地や安い賃貸住宅として田舎暮らしを希望する人を募集するという方法もあるでしょう。要は無料で土地を提供しても、自治体は固定資産税を確保するために移住者を募っているわけなので、賃貸で借りて移住する方が気楽でいいのではないでしょうか。

たとえ3年間や5年間の短期であったとしても、年間数十人、数百人単位の移住希望者を受け入れれば、それだけの人数が約300日以上生活してくれることになります。延べにすると相当な人数の生活に伴う費用や流通が生じるのです。

高齢者に限らず誰に対しても、長く住んでくれる人は長く住んでください。でも、田舎暮らしになじめなかった人は無理しなくていいですよという緩さがあるくらいの方が良いのではないでしょうか。そうすれば移住者の数は増加し、空き家となった負動産が活用できるかもしれない。

私の提案、いかがですか？

なぜ、実家の不動産が活用されないまま放置されているのか

最近、地方だけでなく都内でもよく見かけるようになった空き家。放置されている土地や空き家を見るたびに「使わずに放っておくなんて実にもったいない」と思う人も多いでしょう。特に、自己所有の不動産がない人からすると羨ましいどころの話ではありませんよね。

では、なぜ空き家が放置されたままになっているのでしょう。以下に考えられる理由をいくつか挙げてみたいと思います。

・売却したいけれど買い手がつかず、そのままになっている
・賃貸住宅として貸し出そうとしているけれど借り手がいない
・賃貸住宅や駐車場にするにはリフォームや解体に費用がかかる

・自宅に大きな仏壇を受け入れることができないので仏壇の置き場にしている
・法事や正月など、兄弟や親戚が集まる場所を残しておきたい
・家族や子どものころの思い出が詰まっているので手放したくない
・兄弟で相続争いをしていて、解決の目途が立たないから手が付けられない
・将来、土地の価格が上がるかもしれないと思っている
・遺品や家財道具などがたくさんあり、処分する決断が下せない
・将来、子どもが住むか活用する可能性があるので残している
・一画の借地権を所有しているため、一括活用できるまでそのままにしている
・親が高齢者施設や病院にいて、また自宅に戻る可能性がある
・遠方にある実家を訪問し、手配や手続きをする時間が忙しくて取れない
・相続手続きを怠った結果、祖父の代から名義が変わっていないので複雑で面倒
・解体すると固定資産税が6倍になるので、活用方法が決まるまで解体しない
・定年後、Uターンして住む計画があるのでそのまま空き家にしてある

さまざまな理由で、空き家のままになっていることがわかります。

すでに有効活用の目途が立っているなど、所有目的が明確な場合は年間の利用頻度が低くても問題視する必要はありません。しかし、放置している状態を望んでいるわけでなく、こうした状態を改善したいと思っているにもかかわらず、どうしようもないという人がおそらく半数くらいはいるのではないかと思われます。

さらに問題なのが、固定資産税の滞納や確信犯的な放置、所有者不明等のケースです。今後、少子高齢化、住宅の供給過剰、ひとり世帯の増加など、放置される空き家の数は増えることはあっても減ることはないでしょう。

実家や持ち家を賃貸住宅として貸すことに抵抗を感じる理由

いつまでも実家や持ち家を空き家のまま放置するわけにはいかないと承知しながら、なにもできずに何年も経過してしまったという人も多いでしょう。

賃貸住宅として貸すことも考えたが、借家人とのトラブルに巻き込まれるのが嫌で、貸すことに抵抗があるという人もいるかもしれません。

確かに、賃貸経営経験のない素人がオーナー業をすることに抵抗や不安を感じるのは当然です。そして、実際に以下に挙げたような理由で賃貸にせず空き家のまま放置している人も多いようです。

- 家賃が支払われず滞納されると困る
- 貸す前のリフォーム工事に多額のお金がかかる
- 入居者とご近所のトラブルなどのクレームが来たら困る
- 一度貸してしまうとなかなか返してもらえないのではないかと不安に思う
- 自分の生活を見られるような気がして近所や知り合いには貸したくない
- 月々の家賃収入の入金管理や所得計上をするのが面倒だ

売却のように、一括である程度まとまった金額が手元に入り、その土地や家屋などの不動産に関する管理責任もなくなるのであればメリットを感じるものです。しかし、賃貸の場合は少しずつの収入に留まる上、不動産の所有者責任からは解放されることがないので、メリットより煩雑さや面倒臭さが上回ってしまうのかもしれません。

しかし、その不動産もやがて築年数が経てば、貸したくても借り手のない物件になるのです。そうなってから慌てて誰か買ってくれといっても手遅れです。不動産も人間同様、歳を重ねるものなので、仮に売れなくとも、まだ貸せるうちが華だということを認識してください。

余談ですが、不動産以外のものなら、年月を経て程良く味わいが増し、骨董品やビンテージ品として価値が増すことも考えられます。たとえば貴重な中古車や古本、ジーンズやアンティーク家具等は元値の何十倍になることもあります。

しかし、不動産に関しては古さによる価値を認められるものとしては、国宝の寺院や一部の古民家に限られています。一般の住居に関しては、たとえ有名人が昔住んでいたとしても、有名な建築家が建てたものでも、建築物に骨董価値が付くことはほとんどありません。そして、資産価値が上がることはほとんどないと考えておいた方がいいでしょう。

相続した実家が借地契約になっていた場合

相続した故人の自宅は持ち家だったけれど、地主さんに地代を払って土地を借りている借地契約の場合はどうなるのでしょうか。

借地権はそのまま相続することができますが、相続しても相続人自身が住まないケースも多く、一般的には賃貸住宅として貸すか借地権付きの中古物件として売却を考える人が多いでしょう。しかし、このような場合でも少しの予備知識があるとないとでは大きく変わってきます。

借地権には、普通借地権と定期借地権があり、それぞれ相続することは可能です。借地契約をした借地人が亡くなった場合、前借地権者が交わした借地契約の内容がそのまま相続人に引き継がれることになり、これには地主の承諾は必要ありません。

相続人が前借地権者と同居をしていなくても借地権を相続することに問題はありませんが、権利自体も相続財産ですので遺産分割協議の対象となります。そして、建物については、借地権とは別に新たな借地権者の名義に変えて相続登記をしておかなければなりません。

普通借地契約の場合は、契約期間が満了し地主さんからの立ち退き要請があっても、地主に立ち退かせる「正当事由」がないと、借地権を放棄する必要はなく権利は持ち続けることができます。しかし、借地権を維持するためには建物を維持する必要があり、使用しなくとも地代と建物の固定資産税は払い続けることになります。

借地権付きで売却も可能ですが、中古分譲マンション同様なかなか買い手が見つからず、売却できない老朽化した建物の管理をすることが面倒で、手放したいという相続人が増えてきています。

この場合、建物を解体して更地にしてほしいという地主と、借地権を地主に買い取ってもらいたい借地人の希望に隔たりが生じます。理想的な解決策としては、借地権を無償で放棄する代わりに、家財道具は自分たちで撤去するが、空になった建物は解体せずに、地主に無償で引き取ってもらう方法です。

しかしこの場合は、地主が建物の解体をして滅失登記が完了するまできちんと確認する必要があります。地主の名義で登記されず、建物の滅失登記が完了せずに、建物の登記が遺族のままになっていると固定資産税がかかり続けるケースもありますので注意が必要です。

定期借地権の場合、契約の開始時に公正証書などに記載された期限があり、契約期間終了時点で契約は終了し更新されることはありません。逆に言えば、契約期限が来れば権利も義務もなくなるのです。

引き続き使用したい場合は、地主との合意の上で再契約することは可能ですが、再契約を望まない場合でも、地主に建物の買い取り請求はできません。

また、賃貸借契約書に「契約期間中に、借地権者が亡くなった場合は、更地変換して地主に返還をする」などの特約が盛り込まれている場合は例外ですが、相続した後の期限到来後の解体費用は相続人の負担となりますので事前に確認しておいてください。

定期借地権も相続財産ですので、権利を相続した人が契約期間中に地主の承諾を経て第三者へ定期借地権付き建物として売却も可能です。ただし、契約内容もそのまま引き継がれますので、残りの契約期間が短いと当然売却金額も安くなるでしょう。

相続した土地の上に借地権付きの住宅が建っていた場合

逆の場合はどうでしょう。相続した土地の上に借地権を持った人が建てた家があり、そこに人が住んでいる場合です。

先祖が地域の地主さんだった場合、貸している土地の上に借地人が住宅を建てて住んでいる場合や、借地人がアパートや貸家を建設して家主として賃貸業を営み、賃料収入を得ている場合などが考えられます。

旧借地法で契約を交わしている場合は、借地人には借地権（地上権）があるために、もしあなたが土地を相続したとして契約の解除と退去を求めても簡単に出て行ってもらうことはできません。

借家人を保護している「借地法」により、貸主に「正当事由」がないかぎり、貸主は賃貸借契約を解除できないとなっています。この「正当事由」の条件を満たすことは容易ではなく、結果的に貸主が賃貸借契約を解除するのは難しいと言われています。

それでも、さまざまな事情で明け渡してもらう必要がある場合は、古い住宅にもかかわらず高値で買い取るか、高額な立ち退き料を提示しなければならない可能性があります。こうした理由で、たとえ相続により自分の土地になったとしても自分で自由に利用することは難しいのが現実です。

このような話を聞くと、土地を借りている立場と貸している立場に不公平感を抱く人も多いのではないでしょうか。実はその通りで、旧法の借地法では土地を貸してしまうと一生戻ってこないと言われるように、土地の貸主には不利な法律だったのです。

祖父や父親が所有している土地を契約当時のままの安い地代で貸し、契約書すら交わしていないような今では考えられない口約束契約のようなものも、実際には多く存在しています。

私自身、こうしたケースに直面したことがあります。

祖父名義だった10坪ほどの小さな土地を昭和初期にAさんに貸し、そこにAさんが家を建てていました。その後、祖父は亡くなり父親が相続したのですが、その際に確認した土地の賃料は年間6万円。契約書を捜したのですがどうしても見つからなかったのです。

私はその後だいぶ経ってからその事実を知らされたのですが、その賃料の安さと契約書がないという適当さに驚きました。でも実際には現在も借地契約だけでなく、原則すべての債権契約は「諾成契約」で口頭のみで有効なのです。

祖父が貸していた土地に家を建てて住んでいたAさんの息子さんは、父親の死後借地権を主張しなかったので、建物の解体費や家財道具の片づけ費用を私たちが負担することでスムーズに話し合いがまとまりました。こうして祖父が所有していた土地は更地となって活用できるようになったのですが、もしその息子さんが古くても住み続けると主張し、相続登記をして生活を始めた場合、高額な立ち退き料を払わなければならなかったかもしれません。

高度成長にともない土地の価値が上昇してくると、旧法の借地契約では地主にとって借地として貸すことはデメリットとなり、地主が貸し渋るようになりました。しかし、人口は増加の一途を辿り宅地が不足し、宅地造成が盛んになると、一定の契約期間がくると無条件で土地は更地になって戻ってくるという定期借家制度が2000年（平成12年）3月1日に施行されました。

従来型の借家契約の場合も定期借家契約の場合も、地主は借家人が住んだまま土地を売却することは可能ですが、よほどの好立地で賃貸収益が見込めない限り、一般の土地と同じように売ることは難しいでしょう。

前面道路が狭く、建て替え困難な土地だった場合

建築基準法によれば、「敷地に接する道路幅が4メートル未満、あるいは道路幅は4メートル以上でも道路に接する敷地が2メートルより狭い」という土地に建つ住宅の解体後は、新たな家の再建築が不可能とされています。これは接道義務という法律に則ったもので、このような物件を相続した場合、相続人が住むか賃貸住宅として利用する以外、その物件を活かす方法はなく、売却は容易ではありません。

もし買い手が見つかったとしても、売却価格は周辺にくらべ50%前後の安値での取引となるなどちょっと頭の痛い物件です。

また、前面道路の道幅が4メートル未満の場合、道路中心線から両側に2メートルずつ振り分けた線が道路境界線とみなされます。よって、このような敷地に建つ建物の増改築等をする場合、道路境界線とみなされたところまでが建築対象面積となるため、敷地の一部を道路として提供し、建物をセットバックさせ、道路境界線より後方で増改築しなくてはなりません。

さらに、再建築不可物件を売却する場合でも、換金性が低い再建築不可物件は担保能力が低いとみなされ審査に通らない場合も多く、買主は住宅ローンが組めず、現金で購入しなくてはならない場合が多くなります。

もちろん、リフォームやリノベーションは問題ありませんので、上手く工事をし、手を掛けることでその建物は十分に活用することが可能です。たとえば、こうした物件が駅前にあった場合、制限がある一方で割安でお買い得だと判断する人もいるでしょう。要するに、建築基準法に則って考えた場合は条件が悪く、多くの人にとっては中途半端で使い道がないと思われる物件でも、それを有効活用する人が現れれば、価値のある物件として生まれ変わることも可能だということです。

こうした意味からも、立地の良し悪しは物件としての価値を大きく左右する重要な要素だと言えるのでしょうね。

もしこのような物件を相続する可能性がある場合は、事前に不動産の健康診断（査定）を行い、現状を把握しておくことが大切です。何事も「備えあれば憂いなし」。不安なく相続する日を迎えるためにも、予習と対策をお忘れなく。

最近、以前にも増して耳にするようになったリフォームとリノベーション。明確な違いはなく、実際にはどちらも同じ意味として使っている業者も多いように思われます。

あえて区別するのであれば、「リフォーム」は設備の変更や修繕、システムキッチンやユニットバスの入れ替えや壁紙の貼り替え程度の比較的小規模な工事。「リノベーション」は間取り、水道管、排水管、冷暖房換気設備の変更など、大規模な工事を表して区別をしているようです。

第3章

負動産を抱えないために知っておくべきこと

～不動産を買う際に気をつけること

不動産を購入することに対するそれぞれの意見

本書執筆に当たり、不動産を持っていない友人や知り合いに、改めて、なぜ不動産を買わないのかという質問をしてみました。

もちろん、人それぞれの理由があります。それを以下に列挙しておきます。そして、その中には不動産に価値があるとは思えない、地震などの天災にみまわれたとき資産価値が下がるという意見もありました。

なぜ、不動産を所有しない、購入しないのか？

・まとまったお金が用意できない。住宅ローンが組めない
・地震大国なので所有するとリスクが高いと思う
・気が変わっても簡単に引越しできない
・現金より不動産の価値下落が激しいから
・買ったときよりも確実に値下がりしていくから
・所有にともない固定資産税の支払い義務を負うから
・希望する物件は高くて手が出ない。妥協した物件は買いたくない

・不動産を買ってしまうと近所付き合いが煩わしい
・不動産を所有することがステータスではなくなったから
・子どもや相続人がいないため、財産を残す必要がない
・家賃には金利はかからないがローンには金利がかかるから
・不動産は将来、定期的なリフォーム費用や解体費がかかるから
・家賃を払い続けるより買った方が背負うリスクが高いと気づいたから
・ローンを払い終わっても資産にならず金食い虫だと思ったから
・何十年もの住宅ローンに縛られたくない
・ひとり住まいなのでメンテナンスを考えると賃貸の方が良い
・区分所有の分譲マンションは、管理費や修繕積立費が永久的にかかるから
・不動産は持って移動できないので、お荷物になるから
・不動産に多額のお金をかけると生き方が決まってしまう

　こうした意見それぞれが納得できるもので、私自身は反論すべき点はありませんでした。

次に、不動産を所有したいという人の意見も聞いてみました。

なぜ、不動産を所有したい、購入したいのか？

・自分の家を所有するのが夢だった
・自分の好きなデザインでオリジナルの家に住みたかった
・お金は使ってしまうとなくなるけれど不動産はなくならないから
・子どもに不動産を残してあげたいから
・家賃を払っても何も残らないが、買えば資産として残るので
・自己所有の不動産を持っていると、社会的信用ができ、担保としても役立つ
・今は金利が安く不動産の価格も底値だから、将来上がることを見据えて
・賃貸住宅ではペットを自由に飼うことが難しいため自己所有を選択した
・まだ若いので、30年後価格が上がれば安い買い物だと思える
・運よくとても立地が良い場所の話だったので絶対に損はないと思った

このような意見がありました。

ただ、なぜ不動産を購入したいのかという質問に対する答えに対して「それは、ひと昔前の話ではないですか？」と疑問を呈したくなるような理由が多いのではないかと思います。

社会の変化と法律改正などにより、たとえば大量の移民を受け入れるようになれば、供給が追い付かなくなる可能性がないとは言い切れません。でも、それはあくまでもたとえばの話です。現状では人口が減り続ける日本で不動産投資する勇気のある人はそう多くはないでしょうね。


決して、不動産購入を思い留まった方がいいですよと言っているわけではありません。20年後、30年後を見据えて、考慮すべき点が多々あると言いたいのです。そして、視点を変えることが、不動産の購入にこだわっていること自体を見直すきっかけになればと思うのです。

私も、実際に不動産を所有していますし、不動産売買のお手伝いを生業としています。その上で、不動産を購入し所有するのであれば行く末をしっかり考え、地域をシビアに選ぶべきだと思っています。それは必要以上の不動産は持たないという選択が賢明だとひしひしと感じているからです。

不動産を購入する前には、今更言うまでもありませんがしっかりとしたライフプランを立てることが大切です。

不動産の購入に際しては充分な計画と計算を

不動産に関する価値観と考え方はここ数年で大きく変わってきました。

すでに述べたように、若年層の不動産に対する考え方は従来とは違って、利用するもので所有するものではないと割り切っている人も増えているように思えます。

それでも不動産を所有したいという夢や、所有しないと実現できないことがある場合は購入する必要もあり、そのような考えの方も大勢います。

不動産神話が崩れた現在、不動産を購入する場合には、資産価値が高く将来値上がりするという期待で購入しない、将来にわたり価格や経費は計算済みで支払いが滞ることはない、所有することの意味を明確にしている、というしっかりとした考え方が大切になります。

実に当たり前のことですが、不動産はほかの物と違い一度買うと、不用になったからといって勝手に処分することも、移動させることもできませんので、所有者責任が大変重い買い物だと言えます。

しかし、同時に得られるものも大きく、自己所有の不動産を持つことによる精神的な安心感や幸福感も大きなものがあるわけです。

借りて利用するのと、所有して利用するのではさまざまな面で感じるものが違うのは当然ですね。

そして、不動産の所有にこだわる人は、不動産は「負動産」ではなく「富動産」だとする確固たる信念があるのかもしれません。

富動産とされるものが必ずしも資産価値が高いわけではありません、なぜ所有するのか、どこに所有するのか、所有する意味が明確か、自身が使わなくなった後継いでくれる人はいるのかなど、さまざまな側面から熟慮することが大切です。

そして、自分自身や相続人にとって、それが「負動産」ではなく「富動産」

だと納得できれば、購入しても問題はないでしょう。

住宅ローンの総額だけでなくランニングコストの計算を

多くの人にとって、不動産購入は一生のうちで一番高額な買い物です。にもかかわらず、不動産購入に関する支出については案外大雑把になってしまうようです。なぜならば日常では使わない桁数を目にしているうちに、小さな金額に鈍感になってしまうからです。大きな金額を扱うとき、人の金銭感覚は麻痺しやすいのです。

たとえば、3000万円、4000万円の分譲マンションを購入するかどうか迷っているとき、月に2万5000円の修繕積立費や管理費の額など大した支出に感じなくなってしまうのです。

普段は200円の大根と100円の大根をくらべて100円の大根を買ったり、3万9800円のスーツと2万9800円のスーツをくらべて2万9800円のスーツを買っている人も、「月に2万5000円なら仕方ないか……」なんて、計算もせずに言ってしまうのです。

特に、モデルルームで担当者から説明を受けているときなど、普段とは違う高揚感もあれば、周りの視線も気になります。管理費や修繕積立費はマンションの住民全員が支払うものなので、値切るわけにはいきません。だからといって無頓着でいいわけがありません。

なぜなら、月々の修繕積立費や管理費、固定資産税は、住宅ローン完済後もその物件を所有している限り、払い続けなければならないからです。こうしたランニングコストは区分所有している広さによってその負担割合も変わってきます。広ければその分だけ高くなります。マンションの場合、建物全体が解体されて滅失登記されるまでは、管理費、修繕積立費、固定資産税の支払い義務から解放されないということです。

わかりやすい事例でざっと計算してみましょう。

月々の修繕積立費と管理費の合計が３万円のマンションの場合、１年で36万円、10年で３６０万円、30年で１０８０万円の支払い義務を負うことをしっかりと頭に入れておいてください。50年を経て耐用年数をすでに超えた物件でも、建物が存在している限り修繕積立費と管理費の支払い義務は続きますので、50年分の総額は実に1800万円に上ります。

さらに固定資産税を年間5万円に設定して計算すると、50年で250万円。50年分の修繕積立費と管理費の総額1800万円と固定資産税50年分の250万円を足すと2050万円になるのです。

普段は扱わない桁数の金額とピカピカのモデルルーム、そこにやり手の営業マンのセールストークが加われば誰もが夢心地になります。ローンの月額の支払いと金利についてはしっかりと計算する反面、ついおろそかになるのがランニングコスト。不動産を購入する際には、こうしたランニングコストをしっかり計算し把握しておくことが重要です。

住宅ローン完済後、年金生活になってからも修繕積立費と管理費、固定資産税は払い続けなければならないのです。

不動産の耐用年数を知らずに買うなんてもってのほか

建物には法定耐用年数というものがあり、原則的にはそれ以後は危険な建物となります。耐用年数を超えた物件は常識で考えると、売れない貸せない物件となってしまいます。

法定耐用年数は、鉄筋コンクリート（RC）47年、重量鉄骨34年、木造22年です。よって、重量鉄骨造りのマンションに30年住んでから売ろうと思っても、売却価格が極端に下がってしまうのは仕方ありません。しかし、実際に住めないわけではなく、過去の統計上の平均建て替えの時期が基準にされているのです。

もちろん、実際の耐用年数は構造（コンクリートの水セメント比・鉄筋のかぶり厚さ・設備配管類の維持管理の容易さ）や、しっかりとしたメンテナンスができているか、地震などの影響があったかどうかなど、それぞれの建物によって大きく変わってきます。一般の人が構造を調べるのは困難なので、住宅性能表示制度を利用しているマンションを選定すると、「劣化対策等級」という項目があるのでひとつの判断基準になると思います。

耐用年数は、等級3の場合はおおむね3世代（75～90年）、等級2の場合はおおむね2世代（50～60年）、等級1の場合は建築基準法に定められた対策がなされている（最低基準）とされているので、等級によって当然価格も変わってきます。等級3の場合、コンクリートの水セメント比・鉄筋のかぶり厚さなどの条件をクリアしていると判断できるでしょう。

また、給排水の配管は耐用年数に大きく影響を及ぼします。建築構造上の耐用年数はまだあるのに、給排水の配管の劣化により建物全体を取り壊すしかないという建物もたくさんあります。特に、鉄筋コンクリートの場合、配管が完全に埋め込まれており、取り替えがきかない場合が多いのです。

現状ではこのように配管の劣化が酷くなった場合、建物の側壁に配管を這わせて元の配管は埋め殺しにする工事が主流になっています。

築年数何年で転売すればどれくらいの価格で売れるかは、仮に売るつもりがなくても、さまざまな事態を想定して調べておく必要があると思います。

耐用年数よりも早く負動産になっていく区分所有権

不動産の耐用年数に限らず、物には使用期限や賞味期限などがあります。そして、その期限を経過してしまうと価値や価格が下がり、ときにはマイナスになることもみなさんはご存知でしょう。

しかし、最近は耐用年数を10年以上残しながら、実質的価値がないと判断されてしまう分譲マンションが続出しているのです。所有者が「まだ耐用年数は20年残っています」と主張しても、価値なしとジャッジされてしまった物件はどうしようもありません。

こうした「負動産」を抱え、固定資産税などの支払い義務から逃れることができず頭を抱えている人は増え続け、今後も増えていくであろうことは明らかです。

将来にわたり住居として使用することも収益を生む可能性もなく、物置としても活用できない場合は、すぐにでも売却する方法を探ってください。もし売却が厳しい場合は、売るという考え方を捨て、もらってくれる人を募集するという考え方にシフトすべきとさえ思っているのです。

売ることも貸すこともできない負動産は所有しているだけで年に何万円かの費用がかかるのですから、その費用を負担してくれるという人には、お金を出してでも引き取ってもらうという選択肢があってもいいと思いませんか？　つまり、お荷物になってからでは手遅れなので、その前に引き取ってくれる人を探すのです。

負動産になってしまった物件は、不動産会社に任せても売れる可能性は限りなくゼロに近いと思ってください。自分でチラシを作って売却活動をしたり、不動産会社に費用を負担するのでチラシを撒いて広告してくださいと依頼するなど、自力で売る努力が欠かせません。ここまでしないと不動産会社も積極的に売ってはくれません。自己負担をすることで売れる確率が多少でも高まれば御の字。もし売却益が出た場合はその費用は経費として認められます。

もし「30年後には必ず値上がりする」と思う地域の分譲マンションを所有していたとしても、建築物そのものは100％値下がりします。そして、耐用年数が到来すれば解体費を見込まなければならない可能性もあります。上がる可能性が残されているのは建物ではなく土地だけです。

こうしたことからも、古い分譲マンションの区分所有権はできるだけ早く手放した方がいいという結論に至ってしまうのです。

空き家が増加するニッポンで固定資産税から逃げる方法はない

全国で820万戸以上あると言われる空き家。ここ数年大きな社会問題となっています。空き家を取り壊さずに放置している人の中には、住んでいるかどうかにかかわらず宅地上に住宅が建てられている場合、固定資産税が6分の1に軽減される税法上の措置を理由としていた人も多いかもしれませんね。

200平方メートル以下の小規模宅地の場合、建物が建っていれば、固定資産税の額は次のようになり解体して更地にするよりも税額が少なくなるのです。

建物がある場合の計算式

固定資産税＝固定資産税評価額×1／6×1.4％
都市計画税＝固定資産税評価額×1／3×0.3％

しかし、空き家問題が深刻化する中、２０１４年11月19日に「空き家対策の推進に関する特別措置法」が可決され、行政が倒壊の恐れがある、景観を著しく損なう等の理由で「特定空家等」とみなした場合、建物が建っていたとしても固定資産税の軽減措置が適用されなくなりました。

この法律により、老朽化し廃棄物と化していた負動産の不法放置が減少に向かうのではないかと期待されています。

ただ、これだけでは不十分で、少子高齢化が進む日本においては相続人がいない空き家が減少することはないような気がしますが、みなさんはどう思いますか。

いずれにせよ、住んでいない物件といえども管理責任があります。そして固定資産税を払い続けることになるので売却を考える人は増えるでしょう。

手放したい人が増加すると価格はさらに下がり、売れない物件は尚一層売れなくなります。

こうした悪循環に巻き込まれた不動産所有者は、固定資産税を払い続けるしかありません。

余談ですが、固定資産税を安くしたいがために、更地にして農地として使用することを考える人もいるかもしれません。宅地を市街化調整区域の農地とすることで税金の軽減が可能なのではという考えです。

しかし、現実には農家資格者として農業活動を行うと認められなければ、課税地目を宅地から農地に変えることはできません。管轄する農業委員会からの現況証明（畑等）の取得が難しいからです。

本気で農業を始めるのならいざ知らず、農地を持たない者が農家資格を得るには、一度に50アール（5反）＝約5000平方メートル（約1500坪）以上の農地を取得しなければ難しいそうです。

また、農耕用トラクターなどの重機の用意も必要だそうですので、農地申請はそう簡単ではありません。

自分の土地を家庭菜園として実際に活用しているからといって、こうした条件を満たさない限り、農地として認められないのです。

当たり前のことなのですが「不動産を所有する＝登記する＝固定資産税の支払い義務を負う」ということをしっかりと認識したうえで購入や登記をするようにしてください。

定期借地権付き契約で永久支払責任から解放される

固定資産税の支払いや管理責任などが生じるのは面倒だけど、賃貸マンションではなく一戸建てのマイホームに住みたいという人もいることでしょう。

こういう人の場合、土地を所有せず、土地を借りて住むという借地権のついた建売や中古住宅の購入を考えてみてはいかがでしょう。借地権には普通借地権と定期借地権がありますが、最近は定期借地契約が増えてきています。

定期借地契約は、ある期間を定めて土地を借り、建物を建てて所有する目的のための契約です。契約期限満了と同時に契約は終了し更新はできません。そして、借地人所有の家屋が建っていたとしても、契約期限満了時には更地にして土地を返却しなくてはいけません。たとえ新築や改装したばかりでも、地主に家屋の買い取りを請求することはできません。

つまり、定期借地権契約の場合、土地所有者側にとっては期間満了時には土地が無償で更地の状態で戻ってくるというメリットがあります。また、借地人にとっては、所有権分譲にくらべはるかに安い価格で持ち家を購入できるというメリットがあります。

住居用の定期借地契約の基本的な内容をざっと説明しておきましょう。

住居用の定期借地契約期間は50年以上と決められています。基本的には建物買取請求権はなく、解体し更地で返却しなければならず、その他の特約は公正証書などの書面で交わすことが必要になります。

定期借地契約の場合でも、契約期間中にさまざまな事情で定期借地契約を中途解除しなくてはいけないケースが発生するかもしれませんが、簡単に中途解約できるのでは定期借地の意味がなくなります。よって、契約時に中途解約をせざるを得ない場合を想定して、契約書に中途解約条項を入れるなどの相談をする必要があります。

ただし、土地所有者側にすれば、借地期間満了までの賃料収入の予定というものがあります。よって、土地所有者と借地人が相談の上、双方が納得できる形での契約が望ましいでしょう。たとえば、契約開始から数年経った後でなければ中途解約できないという制限を設けたり、中途解約には違約金支払いを要するなどといった条項を取り決めることで、中途解約時のトラブルの回避が可能となります。

また、借地借家法は借地人に不利な特約を制限していますので、定期借地契約においては貸主側から中途解約権を定めることは無効とされており、借地人は契約期限までは安心して住むことが可能なのです。

所有願望の強い人にとって、このような契約はせっかく建てた家に住み続けることができないのでもったいない、自分の土地にならないので損をしたような気がする、土地付きでなければ売却したいときに売りにくいと考えるかもしれません。

しかし、50年も経過すれば家の耐用年数も過ぎていますので、建物としての販売価値はありません。また、そこに住むあなたも50年分の年齢を重ねているのですからさほど問題はないかと思います。

もし土地を所有したとしても、その価格は50年後には半分以下になっている可能性もあります。最悪の場合、誰も買ってくれない魅力のない土地になっているかもしれません。これらを考えると、土地を所有することが如何にリスクとなるかを想像することができるでしょう。そして、自分の土地を所有せずに自分の家が持てる方法があるのなら、それをメリットだと捉える人が多くなっても不思議ではありません。

定期借地権付き住宅の場合、地代は毎月支払わなければいけませんが、土地の固定資産税の支払い義務はありません。

不動産の売却に苦労している人、固定資産税から逃げられなくて困っている人が増加している今、こうした人にくらべれば、自分の土地を所有せずに自分の家を建て、住まなくなったら更地にして返却するだけで、固定資産税の支払い義務もない定期借地権はありがたい契約だと思います。

もちろん、解体費用を計算して用意する必要がありますが、それは土地購入費用や50年分の固定資産税にくらべれば安いものです。

一度きりの人生、不動産取得は人生最大の買い物です。土地を購入する前に生涯にわたる支払金額を割り出し、慎重に考えた上で自分のライフスタイルに合った選択をすることが望ましいでしょう。

定期借地住宅と土地所有住宅の支払額をくらべる

定期借地による住宅分譲は1993年（平成5年）から始まりました。バブル崩壊後といってもまだ地価は高く、土地の購入費用がかからない定期借地による住宅取得は、所有権住宅よりもメリットがあると注目されました。

さらに50年にわたるコスト負担を計算してみると、所有権住宅にくらべ定期借地による住宅取得の方が、コスト負担が軽いこともわかりました。

地代と金利や税率などが不変だという限定条件のもとで計算した表を作成しましたので、参考にしてください。

・土地は、70万円／坪×敷地面積60坪＝土地価格4200万円
・建物価格は、2500万円
・ローン期間は35年とし、自己資金はゼロ（借入条件は金利2・80％）
・定期借地権の賃貸条件は、保証金が840万円（土地価格の20％）
・月額地代は4万2000円（年間地代の50万4000円は土地価格の1・2％）

土地所有住宅の価格と定期借地住宅価格の比較

	土地所有 住宅価格	定期借地 住宅価格	借地／所有 の割合
土地所有価格	42,000,000	0	
保証金	0	8,400,000	
建物価格	25,000,000	25,000,000	
不動産取得価格総額	67,000,000	33,400,000	49.85%
借入金	67,000,000	33,400,000	49.85%
借入金年間返済額	3,005,148	1,498,092	49.85%
土地公租公課(年額)	100,000	0	
地代(4.2万円／月×12カ月)	0	504,000	
年間支払額の合計	3,105,148	2,002,092	64.48%
35年のローン期間の支払額	108,680,180	70,073,220	64.48%
ローン完済後15年の支払額	1,500,000	7,560,000	
50年間の支払額合計	110,180,180	77,633,220	70.46%
		▲32,546,960	

＊建物の公租公課は含まれていません

この表から、50年経過した段階での総支払金額だけを比較すると定期借地契約をして新築の建物を建てて住んだ場合は、３２５４万６９６０円もの出費が抑えられていることがわかりますので、定期借地の方が得なように思えますね。

しかし、50年後にその不動産が３２５４万６９６０円以上の値段で売却できる場合は、土地を購入していた方が、メリットが大きかったということになるのです。

もちろん、頭金の金額やローンの期間、金利の率などさまざまな条件によって金額は変わってきますので、あくまでも一例としてお考えください。

全国に激増する幽霊マンションはどうなるのか

マンションを区分所有すると、修繕積立費や管理費、固定資産税を払うことはすでにおわかりでしょう。ただ、こうしたランニングコストをきちんと支払い続け、平穏に住んでいるにもかかわらず、問題が発生することがあります。

それは、旧耐震基準の分譲マンションですでに始まっている問題です。あなたが区分所有しているマンションが値を下げても売れないということは、他の部屋も売れない、つまりマンション全体の資産価値が下がっているのです。また同時に、そのマンションが改装や大規模修繕の時期にきている証拠でもあります。

しかし、住みにくくなった古いマンションの部屋を放置したまま転居する人が続出したらどうなるのでしょう。

このように、管理費や修繕積立費滞納者の増加、相続人のいない人が亡くなってしまった、所有者不在や連絡が取れないなどの理由で半分以上の部屋が空き家となっているマンションが全国に増加しています。

こうしたマンションは、たとえ設備等に不具合が発生しても区分所有法に則り、区分所有者の半数以上の承認を得ずに工事はできません（ただし、共用部分の場合は、基本的には4分の3以上の承認が必要です）。

また、費用の面でも自分が所有する部屋の修繕やリフォームと異なり、マンション全体の修繕を個人で行うことはできません。

さらに管理組合が機能不全になってしまい、マンションに手を入れることもできなくなり、ボロボロのまま手つかずになってしまった、幽霊マンションが全国に多数存在しているのです。

もし、あなたが住むマンションが、今後そうした事態に陥ったらどうしますか？　たとえ転居したとしても、売れない間は固定資産税や修繕積立費、管理費を支払い続けなくてはなりません。

万が一、こうなってしまったら、国や地方自治体に危険な建物として解体を依頼するしかないのですから、実に悩ましい問題です。

「自分が住むマンションに限って」。誰もがそう思いたいものです。しかし、もはや他人ごとではありません。人口が減少し続ける日本では、かつては賑わっていた炭鉱町がゴーストタウン化してしまったように、全国でこうした街が出現するのは避けられそうもありません。

むこう50年以内には、地域によっては人口の増加が起こる可能性はあり、そうした地域では、需要が高まり物価が上昇する可能性もあります。

しかし、そのときまで幽霊マンションを抱えていても、建物が古すぎて絶対に転売することはできないでしょう。

今後、分譲マンションの購入を希望しているのなら、区分所有法についてきちんと調べ、しっかりとした施工会社の建設したマンションで、管理組合がしっかりしているマンションかどうかを確認しておくことが重要です。

結局、不動産は借りているようなもの

不動産を所有することで国や地方自治体に直接地代や家賃を払う立場になります。ですから、自分のモノとして買い取ったというより、他人から侵略されず専有し使用することのできる権利を買い取ったと考えた方がいいかもしれません。

以前、中国で言われたことがありました。

「日本は不動産を買えば自分のものになるからいいですね」と。

どういう意味かと尋ねると、「中国では70年経ったら国に返還しなくてはいけません。全ての土地は国に70年間の賃料を払って使用しているだけ。国土の

全ては国のものだ」と答えたのです。そして、その人は「だから国はお金持ちなのです」と付け加えました。

国が大地主で全ての国民は70年の定期借地権をもって地代を払いながら生活しているということなのでしょう。

対して日本では、国から買うのではなく前所有者から購入し、所有者の名義を自分の名前にすることができます。所有するという言葉に人は常に憧れを持っているものですから、中国人が日本人を羨ましく思う気持ちはよく理解できます。

しかし、日本でもたとえ所有して自分の名義になったとしても固定資産税の支払い義務が生じるので、結局は国に使用料を払い続けているようなものですよね。

中国でもすべての国民が国から直接借りているわけではなく、国から借りた人がオーナーとなって建てたマンションを借りて住んでいる人がいるのですから、日本も中国もあまり変わらないような気がします。

一体、不動産を所有する意味ってなんなのでしょう。

現在、不動産購入希望者が減って賃貸の比率が高まっている理由のひとつには、物件そのもののローンを払うのはもちろんですが、それ以外に毎月、もしくは毎年払わなければならない金額がバカにならないので、それを負担だと思う人が増えてきたことがあるのではないかと考えられます。

ちなみに、固定資産税は3年に一度改定するので、環境の変化によっては何もしなくても固定資産税が上がる場合もあります。もちろん下がることもありますが、それは自分の不動産の価値の下落ということ。固定資産税は不動産価値に比例しているのです。

こんなことを書いていると、まるで不動産に良いところがないように思われてしまいますが、そうではありません。不動産投機に使ったり、不動産で儲けようとせず、それぞれの立場や環境、生活スタイルに合った不動産活用方法を見つけて、有効に利用すればいい時代になっただけなのです。

価値の下がった不動産を不動産会社が仲介すると赤字になる

最近、売却依頼で目立つのが５００万円以下の物件です。

５００万円といえば高級な国産自動車も買えないような値段です。そんな値段で戸建ての住宅やマンションが買える時代になったのだと思うと驚きますね。

一体、どうしてここまで価格が下落してしまったのでしょう。いや、価値が正常になってきたと考えるべきなのかもしれません。

すでに何度も述べてきたように需要と供給のバランスによって価格や価値は変わるものです。

しかし、最近の不動産の下落は予想を超えるものがありました。

もちろん、すべての不動産価値が落ちたわけではありませんが、10年後を考えると需要にかかわらず、ほとんどの土地の価格は現在よりも下がっているでしょう。

そして問題となりつつあるのが、法律と実態とのバランスが崩れてしまったことです。実態にそぐわない法律に則ったビジネスのひとつが、宅地建物取引業法の報酬規定です。

宅建業者が依頼者から受け取り可能な媒介報酬の額は、宅建業法の規定に基づき国土交通大臣が定める告示により、次のような合計額が上限として定められています。

・取引額が200万円以下の場合の手数料は、5・4％以内（税込）となり、これに則って取引額が100万円の場合の手数料を計算すると、100万円×5・4％＝5万4000円（内税4000円）となります。

・取引額が200万円を超え400万円以下の部分の手数料は、4・32％以内（税込）となりますので、取引額が300万円の場合を計算すると、200万円×5％＋100万円×4％＝15万1200円（内税1万1200円）となります。

・取引額が400万円を超える部分は3・24％以内（税込）となり、取引額が450万円の場合は、200万円×5％＋200万円×4％＋50万円×3％＝21万6000円（内税

1万5600円）の手数料になります。
・取引額が400万円を超えるときは、「（消費税抜きの売買代金×3％＋6万円）×1・08」で簡易計算することができ、実務ではこの簡易計算が使われています。
（450万円×3％＋6万円）×1・08％＝21万6000円（内税1万5600円）となるのです。

ただし、この方法で求められるのは上限額であり、実際に支払う媒介手数料はその範囲内で、媒介業者との話し合いで決めることになります。

要するに、この金額以下は認められているけれど、この金額を超えてもらってはいけないという法律があるのです。

また、3000万円の不動産でも100万円の不動産でも、営業にかかるコストや作業、手間はほとんど変わりません。

3000万円の媒介手数料は、

（3000万円×3％＋6万円）×1・08％＝103万6800円（内税7万6800円）

100万円の売買を成立させても5万4000円しかもらえない手数料ですが、3000万円の物件の売買を成立させれば、103万6800円も手数料収入を得ることができるわけです。

100万円の物件では、経費をかけることはおろか人件費だけで赤字になるのは明白です。

もうおわかりですね。価格が高い物件を扱わないと不動産会社の利益にはならないのです。借り手がおらず売れない格安物件を扱っても儲からないため、不動産会社も及び腰になるのは仕方のないことです。

不動産会社にたいして良くしてくれたし申し訳ないからといって、依頼者が気持ちとして別途お金を渡すことも受け取ることも禁じられているのです。

このような理由からも、不動産会社も扱ってくれないような「負動産」とみなされる物件は増え続けていくと思われます。

不動産業界の法律と売買の仕組み

一般に、不動産を売却するためには契約書を交わし、互いに行き違いのないように充分に確認した上で、決済日を決めて現金の支払いと不動産の引き渡しを同時に行います。

このように契約当事者の双方が互いに対価的な債務を負担している双務契約の場合、平等を保つ必要があるため同時履行が原則です。契約を円滑に進めるにはさまざまな法律上の取り決めがあるため、当事者に代わって宅地建物取引業者（以後宅建業者）がその売買にまつわる一切の業務と販売活動を行うのです。

宅地建物取引業務は国家資格を有する宅地建物取引士を雇用し、国土交通省や都道府県知事の許可を受けた者しか行えず、その手続きや行為に不備があると厳しく罰せられます。

こうして不動産取引のほとんどは売主と宅建業者との媒介契約の締結によって進められるのが現状で、宅建業者はその売買価格に対して媒介報酬額を受けとることができるのです。

当然ですが、売買が成立するために絶対必要な条件があります。それは売主と物件（土地や建物などの不動産）、買主と対価となるお金です。これらを取り持つのが宅建業者ですが、一般的には売主から依頼を受けた宅建業者と買主を探してきた宅建業者が存在します。そして売主、買主がそれぞれの宅建業者へ手数料を払います。

宅建業者の手数料はすでに述べた方法で計算すると、売買価格が４５０万円の場合は21万６００円（内税1万５６００円）。もし、売主から依頼を受けた宅建業者が他の宅建業者に頼らず、自社で買主を探すことができれば、買主からも同額の仲介手数料が入りますので、手数料は単純に2倍になります。21万６００円の2倍で42万１２００円（内税3万１２００円）。つまり売主と買主の双方から手数料が入ることを指して「両手」と言い、どちらか一方の場合は「片手」と表現されています。このようなことから、多くの不動産会社ができるだけ「両手」での成約を目指すのは無理のないことです。

しかし、最近では両手を狙うがあまり売主が不利益を被るような事態も生じているようで、度々メディアで取り上げられています。

法律では、売主の物件をできるだけ早く適正な価格で売るために、媒介契約書を交わしたらすぐに情報を公開するように定めています。

しかし、両手仲介を狙うためにしばらく情報を公開しないで、他の不動産業者からの問い合わせに応じないなど、売主に不利益が生じるようなことを行う業者もあるようです。

実際に、物件の価格にかかわらず、売買に要する手間暇はほとんど同じです。不動産価格の下落による仲介手数料額の減少と、両手と片手の金額差を考えると、不動産業界で生き残るためには業者が高い物件で両手仲介を狙いたいと思うのは至極当然ですが、消費者保護の観点から見ると、依頼者である売主に不利益となる仲介業者にはさらに厳しい処分が科せられるようになるかもしれません。

ただし、両手仲介そのものは違法ではありませんし、利益をもたらしてくれる依頼者に対するサービスを充実させることもできます。手続き上の利便性も含め、両手仲介は売主買主双方にとってメリットがある場合もあります。

さて、不動産売買で良く使われる言葉に、仲介と媒介があります。

仲介は売主と買主の間に立って不動産取引の仲立ちをすることで、媒介はいわゆる専門用語で、売主と不動産業者が仲介の取り決めをするときの媒介契約などで用いられ、取引態様に対しては媒介を使うのが通例です。

第4章

負動産を不動産に復活させる方法

～不動産の有効活用と価値の創造

負動産を抱えてしまったらどうするのか

長年住んでいる不動産が負動産になっていた。相続によって負動産を所有してしまった。さらには収益物件として買ったものが実は負動産だったなど、負動産と付き合わなくてはいけなくなった方の理由はさまざまでしょう。

しかし、負動産を抱えてしまったら、愚痴をこぼしても泣いても逃げられません。とにかく早急な現状把握と対策が肝心です。

まずは、あなたが所有している物件が負動産だということは誰にも言ってはいけません。気づいていない人を騙して売るわけではありませんが、あえて負のイメージを宣伝する必要はないのです。

所有しながら活用できない住まない不動産は、あなたにとっては負動産かもしれませんが、第三者にとっては富動産かもしれないのです。つまり、自身に活用方法がないからといって、この不動産は値打ちがないと自己判断するのは早計です。

値打ちがないと思い込んでしまうと、つい自分の口からその物件のデメリットを言いふらす結果となり、さらに値打ちを落としてしまう危険性があります。

まるで「うちの子は頭が悪くて困っているのよ」と近所に言いふらしているようなもの。ただマイナス要素を増やしてしまうだけです。

不動産も他のモノと同様、購入を希望する人がいないと値段は下がっていきます。しかし、それはたまたま希望する人に出会っていないだけかもしれません。不動産も人間同様それぞれに個性や特徴があり、全く同じ土地は世界にふたつとないのです。

今後、日本では負動産がどんどん増えていくとは思いますが、その負動産の特徴を活かして住む、使う、貸す、売るなどの新たな活用方法を見つければ、それは一転して「富動産」となるかもしれないのです。

負動産の活用方法を発見することは社会貢献

これまでも、空き家対策が問題となり、不動産の活用方法を見出そうと、国やさまざまな自治体、企業が取り組んでいますが、決定打となる活用方法は見つかっていません。

その理由のひとつは、ビジネスチャンスとしてとらえている同じような立場の人が考えているということや、実際に負動産で困っている立場の人があまり参画していないからかもしれません。

また、場所が変われば活用方法も変わりますし、物件が違えば用途もそれぞれですので、全国一律の策を見出そうとするのは難しいことです。

全く、固定観念のない学生や主婦からのアイデアを募り、新たな視点で企画を練るなどの方が、良いアイデアが出るかもしれません。

現在、一般的には不動産は以下のような用途でしか活用できていないのが現状です。

・住宅として自分で住む
・一般の賃貸住宅として貸出して収益を得る
・DIY可能な賃貸住宅として貸出して収益を得る
・地域やNPO等に無償提供して利用してもらう
・家庭菜園として活用する

・駐車場として利用する
・倉庫（トランクルーム等）として利用する

　これ以上の活用方法が見つからず、海外からの移民しかないんじゃないかと言っている不動産会社の人もいます。

沈没船や廃車した車などは、海の中で魚の棲家として有効活用されることもあるようですが、住宅や土地を同じように活用することはできません。

　空き家の転用は本当に難しいのです。皆さんの中で良いアイデアをお持ちの方はいませんか？

　空き家の活用方法を見つけることは社会貢献でもあるのです。

いくらお金を生めば負動産でなくなるのか

　あなたが所有している負動産（土地や家屋の場合）は、今後10年間であなたにどれくらいの負債をもたらすのでしょうか。

「だいたい……、うーんどれくらいだろう？」

大きな金額になるにもかかわらず、実は現状の把握ができていない人が意外に多いのです。一年後には解決できる目途が立っている負債なら、その期間だけ我慢して払えばいいですよね。

しかし、10年以上支払い続けなくてはいけないから問題なのです。せめて10年で、どの程度の出費が発生するのかを調べ、30年以上先までの予想支出を把握しておくぐらいの計画性がなければ、気の毒というよりも自業自得だと言われても仕方ありません。

何とかしたい人とそうでもない人の場合、歴然とした差が出るものです。本気で何とかしたいと思っているのなら、当然年間にかかる費用がいくらなのかを把握しているでしょう。そしてその出費を上回る収益が得られるのであれば、その土地や家屋は負動産ではなく富動産になるのです。単純なことですよね。

仮にあなたの実家の固定資産税が年間8万円だったとしたら、年に8万円以上の利益を生む方法を考えればいいのです。

ほかにも管理費用が月に1万円必要なら年間12万円ですので固定資産税と合

計すると20万円かかるということです。20万円を365日で割ると1日当たり約550円になりますので、1日550円の利益を生むことを考えればいいのです。

1日550円以上であれば、何とかなりそうな気がしませんか。パート勤務1時間の時給よりも安い額を1日で稼ぐ方法を見つけられれば、負動産ではなくなるということです。

さらに欲張って300円プラスして1日850円利益が出せれば、300円×365日＝10万9500円が年間のおこずかいとして残るというわけです。もし見つけられれば、固定資産税や空き家を管理する経費の負担も賄えるので、あなたにとって負動産ではなくなりちょっとした富動産ということです。

企業の場合はこの程度の金額では当然成り立ちませんが、個人規模なら何とかなるかもしれません。さらには、そこから新たな展開が生まれれば、年に10万円のお小遣いどころではなくなるかもしれません。

いまや、空き家問題は国民みんなでアイデアを出さなければいけない問題でしょう。身近なところで生まれたアイデアが、もしかしたら空き家問題の救世主になることだってありうるのです。

借主負担のＤＩＹ賃貸借の活用による負動産の富動産化

いま、「借主負担ＤＩＹ型」と呼ばれる新しい賃貸借の契約形態が注目され、広がりを見せています。

基本的な考え方は、家賃を相場より低く設定し、差額分で借主がリフォームやＤＩＹによる改装ができるというもので、改装した部分は元に戻す必要がない（手を加えた状態のままで退去）賃貸借の契約方式です。

貸主と借主双方に次のようなメリットがあることが、多くの人に選択されている理由のようです。

〈貸主のメリット〉
・現状のままで貸すことが可能なため、事前の改装費がかからない
・借主が自費でＤＩＹ等を行うことから、長期間住んでくれる可能性がある
・退去時には、貸出時よりも設備等の価値が上がっている可能性がある

・入居後の建物の瑕疵（不具合）によりクレームになることがほとんどない

〈借主のメリット〉

・持ち家のように自分好みにリノベーションできる
・自費でＤＩＹをするため入居時の費用や賃料が割安な場合が多い
・退去時に原状回復費用を取られないので気が楽
・マンネリ化せずライフスタイルに合わせて改装できる

「借主負担ＤＩＹ型」の契約には2通りの形態があります。不具合なく住める状態のものを賃貸する「現状有姿型」と、故障や不具合など修繕を要する箇所がある「一部要修繕型」です。

「一部要修繕型」は、貸主が修繕をしない代わりに、家賃はさらに格安になっています。借主が自身で修繕をしてから住むか、不具合を承知で修理せずにそのまま住むかは借主の意思に任せられているので貸主は関知する必要がありません。

趣味の多様化や生活スタイルの変化に適合した〝自由〟を前面に打ち出した賃貸のスタイルです。また、新築にはない味があるのが特徴で、レトロ感を好む若者の増加によって、今後ますます人気の出る住まいの形かもしれません。

これは、借主に協力してもらうことで、負動産が双方納得のいく富動産に変わっていくモデルのひとつだと思います。

国土交通省のウェブサイトから、「個人住宅の賃貸活用ガイドブック」がダウンロードできるようになっていますので参考にしてください。

解体し更地にするか、古屋付きのまま売却するか

実家を相続し売却を希望するときに、建物が古く木造で30年以上経っていると、法的耐用年数の22年を超えているので、ほとんど価値がないと判断されることが多いようです。

また、建物自体に経済的価値があるのかどうかという点で、古家や中古住宅というように区別されていて、古家の場合は建物の瑕疵（不具合）についての売主責任は負う必要がないのですが、中古住宅の場合は住宅にも価格が付いて

いるので売主責任が残ることになります。

では、解体に関してはどうすべきなのでしょうか？

もちろん、中古住宅として売却する場合は、解体する必要はありません。建物の価値がなく古家であると査定された場合で、倒壊の恐れがあるなどのように、周辺に迷惑がかかるような場合は無条件で解体をする必要があり、解体しないと所有者責任が残り、万が一の場合、事故などが起これば損害賠償を請求されることもあります。

しかし、危険性もなくほかに問題のない場合は、古屋付き土地として建物の価値は０円として販売することが一般的で、解体費用は不動産の総額から相殺し、現状のまま販売することが多いようです。

解体しないまま売り出すことで、その古家を改造して古民家として住みたいという人がいる可能性もありますし、現物が建っている方が土地に対してどの程度の建物が建てられるのかをイメージしやすいと思う人もいます。

また、売主側からすると売却前に解体するとなると、解体費を先に出費することになるので、万が一不動産が売れなかった場合、その費用は回収できなくなってしまいます。

ですから、私たちの会社では解体を希望する人には、解体する理由を必ず聞くようにしています。

更地にして返却する契約の借地の場合は解体しなければいけませんが、契約書に記載がなければ家屋はそのままでも良いので、必ずしも解体しなくてもいいケースがあることを頭に入れておいてください。

なかなか購入希望者が現れない場合、解体した方が売れるのではと判断するケースもあるかもしれません。確かに更地にしている方が即流通しやすいのですが、最近では古家があってもパソコンを使って3Dで新居の完成予想のデザインをリアルに確かめることができますので、事前に解体する必要もなくなりました。

その土地はすでに死んでいる

最近は、比較的交通の便が良い関東近郊や東京23区内でも、長年にわたり放置されている土地が目につくようになりました。読者のみなさんもそんな空地をどこかで目にしたことがあるのではないでしょうか。

こうした土地の中にもどうしようもない土地、死んだ土地が多く含まれており、いま全国に山のようにあります。

放置されている理由はいくつかに集約されますので、それを挙げてみましょう。

①　相続人がいないために放置され、購入希望者がいても売主が存在しない
②　戸籍上は相続人が存在しているが、所在がわからないため交渉できない
③　相続人が複数存在し、相続争いが続いているため手が付けられない
④　人口激減で周辺に空き家が点在し、購入希望者が現れず値が付かない
⑤　接道義務を満たしていないため建て替えが不可能で買い手が見つからない
⑥　自殺や殺人などの心理的瑕疵物件のため、誰も買わない
⑦　建物が古くリフォームの費用が高額になるため賃貸もできない

このようにさまざまな理由があります。

通常、被相続人が亡くなると相続人が土地を相続登記します。手続き後は相続人が住んだり、賃貸や売却も可能になりますが、相続登記をすることで固定資産税の支払請求がその相続人に届くようになります。また、売却したい場合は、故人名義のままでは直接売買できないので、相続人の名義に登記変更してから相続人が売買することになります。

しかし、相続人が存在しない場合や行方不明の場合は手続きは進みません。相続登記が済まなければ売るわけにもいかず、結果放置されてしまうのです。

こうした土地が増えると近隣の住民はもちろんのこと、固定資産税を徴収する地方自治体も困ってしまいます。不動産所有者が亡くなり相続人が相続登記をしない不動産は、固定資産税の支払いが停止し滞納状態になります。

所有者が死亡している事実を把握した地方自治体は、相続人を捜し連絡を取ろうとしますが、相続人がいない場合や行方不明の場合、裁判所に申し立てを行い財産管理人を選任してもらう手続きに入ります。

よって、先に挙げた原因のうち、①や②のような不動産は、財産管理人が故人の財産すべてを管理し、滞納された固定資産税などの支払いを済ませた後、最終的には売却することで現金化し、残ったお金を国庫に納めるという手続きに入ります。

問題となるのは③、④、⑤のような、相続人が存在し連絡も取れているにもかかわらずにっちもさっちもいかないケースです。

たとえば③の場合、相続人の誰かが固定資産税を支払い続けながら身内の相続争いは解決の目途が立たず、結果放置された状態で手が付けられないのですから厄介です。

また④は、いままさに社会問題となっている空き家問題の典型です。以前は人気の高い地域だったにもかかわらず、人口減少や高齢化によって町としても人気が下がり購入希望者が現れないケースです。今後こうした不動産は増えることはあれ、減ることはないでしょう。

⑤は建築基準法で決められている接道の義務が満たされていないため、現状の建物を解体してしまうと、再建築の許可が出ないという土地です。こうした土地を購入しようという奇特な人が現れるとは思えません。

接道義務とは、建築基準法第43条の規定により、建築物の敷地が道路に2メー

このような土地は建て替えできない

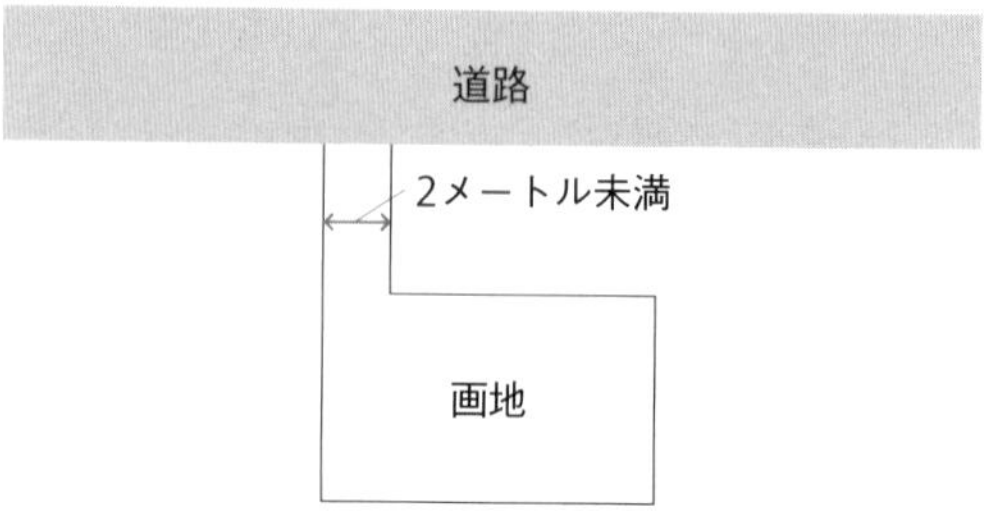

【袋地】　敷地が2メートル以上接していない

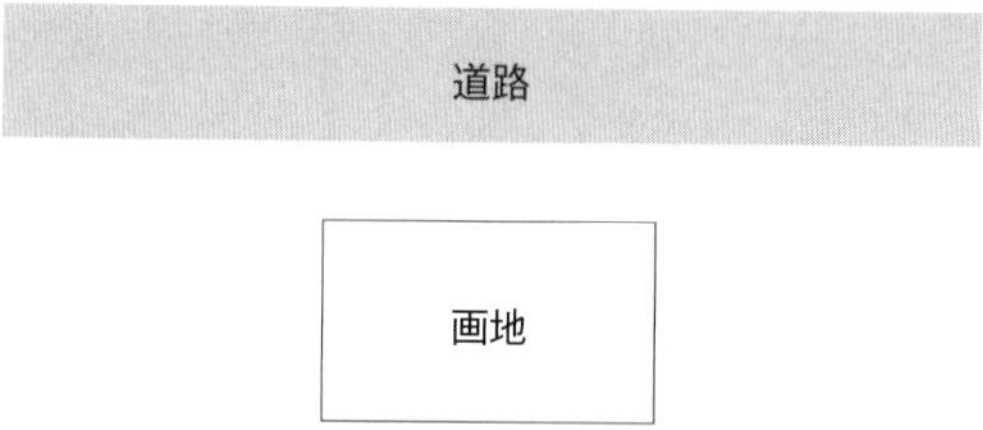

【無道路地】　敷地が公路に接していない

トルないし3メートル以上接しなければならないというものです。この接道義務は都市計画区域と準都市計画区域内に限られ、それ以外の区域ではありません。

また、「無道路地」といわれる公路に全く接していない土地や、「袋地」といわれる路地を介して公路に接している土地の場合、リフォームは可能ですが建て替えはできず、売却に行き詰まってしまうことも多いのが現実です。

こうした土地の場合、その土地に隣接している土地を持っている隣人に買ってもらうのがベストですが、そう簡単に事が進まないのが世の常です。隣人が高齢であったり身内がいなかったり、購入資金がなかったりなどの理由で購入してもらえないことも多いでしょう。

隣接する土地を持っている人と上手く話がまとまれば、接道条件の整っている土地と合わせることでこの土地も接道条件が整い、価値が上がり売却できる可能性が出てきます。

地方都市にある空き家の実家を売ることはできるのか

先日、ある地方都市にある実家を売却したいという問い合わせがあり、現地に行ってきました。そこは7年ほど空き家の状態で放置していたらしく庭は雑草だらけ、壁の半分以上が蔦で覆われていて幽霊屋敷一歩手前の不気味な外観になっていました。

誰が見ても、もうこの家に住むことはできないだろうと思われる築50年以上の建物。解体するだけでも150万円以上はかかるだろうと予想しました。

土地は30坪程度。前面道路は車が通れるため、建て替えは可能です。しかし、幹線道路から100メートル以上入り込んだ集落で、地元の人以外は人も車も全く通らないであろう場所でした。

坪単価を仮に10万円に設定すると、土地の価格は単純計算で10万円×30坪＝300万円です。しかし、解体費用の150万円以上の支出やさまざまな手数料などを考えると100万円ほどしか残りません。

駅までの距離は徒歩約15分。電車に乗れば県庁所在地の中心駅まで30分で出ることも可能です。その中心駅に職場があれば、立地の良い通勤圏になるのかもしれません。

しかし、そこは古くからの小さな漁村、周囲にはみかん農家が点在するだけ。高齢化率はすでに26％を超え、歩いている人のほとんどが高齢者でした。こうした町に他の市町村から転居し、新築の家を建てて住む人がいるのでしょうか。万が一購入希望者が現れたとしても、そこに新居を構え暮らすのにはそれなりの覚悟が必要です。町や集落の慣習や近所付き合いなど、地縁血縁のない者が生活していくのは非常に難しいのではないかと私は感じました。

では、どんな人だったらこの土地に興味を持ち買ってくれるのだろう？

私なりに考えてみました。

①　地方でのんびり暮らしたい人
②　土地を購入し、そこに新居を建てる経済的な余裕のある人
③　その地域に魅力を感じる、またこだわりのある人
④　都会からのUターンで地元に住みたい人
⑤　海が近いので別荘代わりに使いたい人
⑥　そこで商売や、アパート経営をしたい人

⑦ 駐車場がないので駐車場として使いたい人
⑧ これから家族が増えるのである程度大きな家に増築したい人
⑨ 人付き合いが器用で誰とでも仲よくできる人
⑩ 自宅の隣りなので土地を所有すると現土地の価値が上がる人

こうした人がいれば、販売価格によっては興味を持つかもしれません。しかし、この地域には同じように空き家になったままの物件が点在しています。現在その地域に住んでいない第三者がこの物件の購入を希望する確率は限りなくゼロに近いと判断せざるをえないでしょう。

土地が隣接しているお宅が2軒あったので、その人に打診するのが唯一の道のような気がしたのですが、1軒はすでに駐車場として利用している更地でした。もう1軒はこの建物の裏に当たるので、この土地を所有することによって土地全体が広い道路に面するというメリットがありました。

果たして、この土地の売却は成功するのか

この２軒との交渉を始める前に、私は依頼者に確認しました。売却して得たお金を当てにしているのか、値段に関係なく一刻も早く空き家になって久しい実家を引き取ってもらいたいのか。もし、依頼人ができるだけ高く売りたいと希望していたら、内心売却のお手伝いをしたくないなぁと思っていたからです。

こちらとしては、正直言って旨みのある物件ではありません。しかし、こうした物件が全国にあり、それが社会問題化しているいま、今後同様の物件をどうすればいいのかを考える良い機会になると思いました。

私は依頼者に正直に話しました。

「もし現状のままで購入を希望する人が現れたら、値段はいくらでも良いですか？」と。すると、依頼人は率直に尋ねてきました。「いくらくらいになりそうですか？」と。そして、厳しい現状を知ってもらうために、次のように話しました。

「あくまでも私の見解ですが、解体費だけでも１５０万円以上かかる物件ですので、正直なところ引き取ってくれる人がいれば、たとえ相手の言い値でもあ

りがたいと思いますよ」

「そんなにこの土地は値打ちがないのですか？」

7年も放置していたとはいえ、ここまで価値がないとは思いもよらなかったようで、依頼者は少々落胆した表情になりました。

「そうですね。お客さんの土地だけではなく、このあたりの土地のほとんどが同じような現状だと思います。斜め前の家もすでに誰も住んでいないようですが、両隣りが家に挟まれているのでここよりも売れる可能性は低いと思いますよ」

地域全体の現状を知ったことで納得したのでしょう。

「そうですか、よくわかりました。現状のままで引き取ってもらえるなら、買い手の言い値で手放すことになっても構いません。お任せします」と承諾してくださいました。

依頼人の意思を確認した私は、隣接する土地の所有者に話をしてみることにしたのですが、どちらから先に声をかけるべきかで悩みました。その2軒のうちどちらか一方が興味を示した場合は、その人との交渉だけで済みます。依頼人からは売値を任せられているので話は早いと思いました。

しかし、仮に２軒双方の手が挙がれば、ある程度相場に沿った価格での売買が成立する可能性が出てきます。依頼人にとってメリットがあるかもしれないので、どちらから先に話をするかは慎重を要します。どちらが買っても今後はお隣りさん同士、しがらみを残すわけにはいきません。

日当たりの状況も考慮して、一般的には北側の方に声をかけることが望ましいとされていますが、今回北側は道路になっていました。

不動産会社はただ不動産を売買するだけでなく、事前に情報を集め、できるだけ地域のコミュニティが円滑にいくように配慮しながらお手伝いをする立場にもあるのです。

色々考えた結果、私は家屋が背中合わせの、裏側のお宅に先にお声をかけることにしました。なぜならこのお宅の前の道は非常に狭く車が通れないため、建て替えが難しい土地だったのです。もし、この土地を買って広い道路に面した一帯の土地を所有することになれば、建て替えが可能となり土地の価値が上がると考えたからです。

駐車場として土地を利用しているもう一軒の場合は、すでに道路に面しているため、おそらく家屋を解体して駐車場を広げるという利用の仕方が考えられますが、メリットの大きさでは裏のお宅ではないかと思ったからです。

しかし、世の中はうまくいかないものです。

裏のお宅に住んでいた方は89歳のひとり住まいの男性でした。年齢の割にはしっかりとした方で話は理解してもらえましたが、兄弟も子どももいないため現在住んでいる家でさえ跡取りがなく、買う意味がないとのことでした。

確かにそのとおりですよね。このお宅も男性が亡くなった後は相続人がいないので半永久的に空き家になってしまうかもしれないのですから。そして、このお宅に引き取ってもらうことは無理だと思った私は、今度は隣りで駐車場を経営している地主さんに連絡を取り、話をしてみることにしました。

ところがこちらも86歳の高齢者でした。万事休す。がっかりしていると、幸いにも息子さんが近くに住んでいるそうで、依頼人の土地を購入し駐車場を拡張しても良いという展開になったのです。

販売価格はすずめの涙ほどでしたが、依頼者は解体費を負担することなく不動産を手放し、固定資産税の支払い義務もなくなりました。

実家の所有していた農地を相続した場合

農業を営んでいた親が亡くなり、相続人が都会でサラリーマンをしているというパターンはよくある話です。

これから先、相続人が農業に従事することはなく農地を放置していても、固定資産税は払わなければいけません。さらには、耕作をせずに放置していると農業委員会からの勧告や指導が行われます。こうした状況から解放されるために、できるだけ早く手放したいと考えるのが当然です。

しかし、農地は宅地として売りたくても売れないだけでなく、規制や届出の必要があるのです。

遺産相続によって農地を取得した場合、農地法第3条に基づく許可（農業委員会）を受ける必要はありませんが、相続等により農地の権利を取得した者は、農業委員会に届出なければなりません。そして、農業委員会に届出を受理してもらった後に相談すれば、農地の適正利用が図られるように斡旋などを行ってくれるそうです。

農地の転用や売買、賃貸に関しては、農地法に基づく農地保護の目的による様々な規制があり、農業委員会や知事、農林水産大臣の許可が必要となります。

また、森林の場合は農地ほど売買に関する規制はありませんが、簡単に売却できる森林は限られているので、事前に地元の森林組合に相談するようにしてください。森林の場合も森林組合が斡旋してくれることがあるようです。

売れない負動産をお金を払って引き取ってもらうことは可能か

たとえば東京に住まいを構えている子どもが、相続によって地方にある負動産を相続してしまった場合について考えてみましょう。

私が相談に乗ったケースでは、東京に住んでいる息子は負動産が鹿児島にありました。遠方のため不動産を管理するのは大変だったので、その方は売却を試みたもののなかなか買い手がつかず3年が経過してしまいました。

固定資産税は年間5万円程度でそんなに大きな負担ではありません。しかし、夏場はご近所から庭木が伸び放題になっているので手入れをしてほしいとクレームが出るようになりました。そして、それに対応する費用も馬鹿にはなりません。さらには、放火されたり誰かに勝手に占有されても困るので、火災保険やセキュリティ会社との契約などの維持費が意外にかかります。

東京から鹿児島へは飛行機を利用すれば2～3時間で行けますが、一回当たりの飛行機代や滞在費などが積み重なり、何十年経つとそれこそ馬鹿になりませんよね。そしてこの先何十年のことを考えた結果、不動産会社にいくらかお金を払うので不動産をもらってくれないかと相談をしたそうです。

この方の場合、結果的には金額の折り合いがつかなかったそうですが、こうした遺族からの相談は徐々に増えてきているのです。

しかし考えてみれば、いくらかのお金を払うので不動産をもらってくれないかというのは、ある意味〝虫の良い〟相談ですよね。

〝虫の良い相談〟という話を聞いて、「どうして？」と思う人がいるかもしれないので、もう一度ここで説明したいと思います。

タダで不動産を手に入れるだけでなく、さらにお金ももらえるなら得するのではないかと思うのはよくわかります。しかし、それと引き替えに背負わないといけない義務があるということはすでに何度か述べてきましたよね。

もちろん、不動産と一緒にもらえる金額によっては、喜んでもいいのかもしれませんが……、遺族にとっての金食い虫の厄介者は誰にとっても厄介者です。それを多少のお金を支払うので引き取ってくれませんかというのは、納税義務からの無罪放免であり、〝虫の良い相談〟以外の何ものでもありません。

そして、そんな厄介者を多少のお金をもらったとしても引き受けてくれるようなお人好しはそんなにすぐには見つかるわけもありません。

では、どんな人に引き取ってもらえば相手にも迷惑をかけずに済むのでしょうか。また、引き取ってもらうにはどのくらいの金額を支払うのが妥当なのか、また、後々もめ事が起きない方法があればそれも知りたいですよね。

まず、誰に引き取ってもらえばいいかということですが、一般的に不動産会社が買主を探す場合は、北側に住む隣人、両隣りや前後の不動産を所有している人、マンションの場合は上下左右のようにその土地や部屋に何らかの形で接している人に声をかけるようにします。

隣家の所有分と合わせることによって全体の価値が上がることもあれば、マンションの場合、親子、親類、または友人などが隣り同士で住むといったメリットを感じる可能性が高いからです。お金を支払わなくても引き取ってくれる可能性があるのが隣家などのご近所なのです。

次に狙うのは不動産会社です。

相手はプロですので相場もわかっています。そのあたりの不動産がすでに人気がないことは百も承知ですし、引き取ってもらえる可能性は極めて低いと考えるかもしれません。

不動産会社を騙すことは素人にはもちろんできませんが、「お金を渡すので、不動産をもらってくれませんか」という相談はまだまだ少ないので、中には金額次第で喜んで乗ってくる可能性だってあるでしょう。

不動産会社の所有となれば、自社が売主となって販売もできますし、賃貸マンションとして収益を上げることだってできます。活用方法はいろいろあるものです。また、一般の人が支払わなければならない仲介手数料を不動産会社は支払う必要がなく、積極的に転売や賃貸募集などの営業活動ができますので、不動産会社にはそのような提案をしてみる価値はあるかもしれません。

売れなくて価値がなくても土地には値段が付いている

不動産を無償で譲渡し、さらには現金を渡すということは、それがどれだけ役に立たない負動産だとしても、全て贈与したことになります。そして、贈与を受けた側の会社には法人税、個人には贈与税がかかります。ならば、負動産を無料にせず、たとえば3万円でも良いので値を付ければ贈与に当たらないことになりますよね。

しかし、ここで矛盾が生じます。誰にも相手にされない売れないお荷物の負動産を、所有者が処分費用を支払ってまで引き受けてもらおうとしているのに、その負動産にも値段が付いているのです。

所有者である本人以外の誰がそんな勝手なことを決めるのでしょうか？

土地の場合、国が定める土地の値段というのがあり、実際の取引価格が0円であろうが、値段が付いているのです。

その基礎となっているのが「地価公示価格」で、地価公示法に基づき国土交通省が毎年1回決定し、公表する1月1日時点の土地価格です。

２名以上の不動産鑑定士が独自の鑑定評価を行い、それを調整して決めた価格で、それはひとつの基準にすぎません。

国交省のホームページに出ている公示地価を基準とし、国税庁が管轄している土地の評価価格として路線価が決められていて、課税評価額の決定などに用いられます。

この路線価は3年毎に告示され、価格に不服がある場合は、固定資産評価審査委員会に審査の申出ができるそうです。

建物の固定資産税は、解体してしまい滅失登記さえすれば固定資産税の支払い義務はなくなりますので土地ほどの負担は継続しません。


先ほどの話に戻しますが、このような負動産を引き取ってもらうのには、少なくとも10年以上の固定資産税相当の費用、また贈与税に相当する費用は、最低の実費額として、さらにプラスアルファの費用を渡す必要があり、非常に高い金額となってしまうということです。

しかし、今後負動産の増加に歯止めがきかず、今のままの法律では激増する負動産の支払い義務によって生活に支障をきたす人たちが大量に出ないとも限りません。

今回、例に挙げた鹿児島にある負動産を抱えてしまった遺族のような方が今後増えることは間違いないでしょう。

また、現在は負動産でなくとも、5年、10年後には間違いなく負動産になってしまう物件が増えることも確実です。

このような状況に直面したときにも困らないように、事前の勉強と今からの対策が必要な時代だと痛感した読者は多いのではないでしょうか。

第5章

負動産で困らないための対策

～明日からでも行うべき不動産の健康診断

負動産を抱えてしまってからでは手遅れです。ここでは、所有する不動産や相続予定の不動産に関して、負動産を抱えないための予習と対策を述べていきます。

自己所有の不動産売却可能価格の価値を把握する

あなたの知らない間に運よく土地の価格が上がるなどということは、今の時代ほとんどありません。すぐにあなたが所有している不動産の価値を不動産会社に査定してもらい確かめておきましょう。

査定にお金はかかりませんので、早い段階で不動産会社に依頼してみるのが良いでしょう。そして、その不動産が5年後、10年後、20年後どうなっているのかを予想しておくことが大切です。

実際に、私たちの会社が依頼を受けて無料査定を行い、査定金額を伝えると、購入当初の金額との差に愕然とする人もいれば不機嫌になる人もいます。ひどい不動産会社だと言わんばかりの口調で「もう結構です」と言われてしまうこともあります。

不動産会社の査定価格は、あなたの所有する不動産と似たような物件の売買事例を基に、近隣でここ一年ほどの間にいくらぐらいで取引されているかを割り出したものです。実際に、同じ地域にある同様の物件の売り出し価格ですので、不動産業者が仲介することで売却が可能だと考えられる現在の金額です。

もし、近隣で売り出し物件が数件あるにもかかわらず、1年以上全く売買事例がない状態が続いているとしたら危険信号です。

そのときは、建売業者やマンションの買い取り再販業者の買い付け証明が出る価格がいくらかを調べてもらった方が良いでしょう。

家族構成を考え、人数以上の余分な物件は即処分する

人が住む家は基本的にひとつで十分です。将来手放したくても手放せなくなる可能性のある不動産や、子どもの数より多い不動産はできるだけ早い時期に売却して現金化した方が賢明です。

もし、人気がなくなってしまった場所で、ほとんど利用する機会がない住宅や別荘などの不動産を所有しているのなら、即、明日にでも不動産会社に問い

合わせして売却可能かどうかを調べた方がいいでしょう。特に木造の場合等、何年も放置し住まない状態が続くと家全体が乾燥し、ひび割れや壁に隙間ができたり、知らないうちに雨漏りが発生していることもあります。

そうなれば不動産価値は下がる一方です。

日本全土で不動産価値はますます下がっていきますので、負動産をたくさん所有している人ほど、財産がやせ細っていくことになるのです。

さらに恐ろしいのは、負動産を多数所有したまま亡くなった方の遺族のケースです。「おじいさんは銀行が嫌いだと言って土地ばかり買っていたから、ほとんど貯金はない」と嘆いても後の祭り。現金をほとんど遺さなかったため相続税を払うお金がない上に、不動産を売却して税金を捻出しようとしても全く売れないと困り果ててしまうのです。

故人が相当のお金をつぎ込み買い込んだ土地も、遺族にとって活用方法がなければお荷物以外の何ものでもありません。趣味で買い集めたガラクタ同然。場合によっては骨董品よりも価値がないと判断され、故人の道楽に過ぎなかったと言われても仕方ありません。

まだ骨董品ならゴミとなってしまうだけなのでいいのですが、土地の場合、固定資産税を毎年支払わなければなりません。

今後は、自分自身のことだけでなく、20年後、30年後に相続人となる人のことを考えた不動産所有を心がけてください。

見込みのない物件を売却し、将来見込みのある不動産に買い替える

あなたが所有している不動産の価格が下がり始めているのであれば、早くその不動産を売却し、将来にわたり不動産需要があるだろうと思われる所へ住み替えるべきかもしれません。

いまや、値段の下がらない不動産はほとんどありませんが、人口がある程度保たれる町では不動産需要もある程度維持されます。価格が多少下がっても不動産の流通が起こり、北陸新幹線が開通した金沢のように一時的には値段が上がる土地もあるでしょう。

所有している不動産が、今後需要の見込める地域の不動産であれば良いのですが、そうでないとしたら所有しているだけでお金が毎年減っていくようなも

のです。

銀行の貯金なら、たとえ30年放置しても金利が低いなりにお金は微増していきます。しかし不動産の場合は徐々に価値が下がっていき、終いには価値ゼロどころか次第にマイナスに転じ、あなたの財産を蝕んでいくことだってあり得るのです。

買い替えの際のポイントとしては、できるだけ坪単価の高い不動産に買い替えるべきだと思います。

総体的には、こうした不動産の方が転売できる可能性が高い不動産だと言えるからです。

できるだけ所有せずにレンタルするという考え方

自分の城を持ちたいという気持ちが日本人からなくなったわけではありません。現在も自分の努力の証として、不動産という形ある大きな買い物を目標にしている人も大勢おられます。

しかし徐々に、ひとり住まいの世帯が増加していき、終身雇用が保証されない社会では、そうした考えは現実的ではなくなってきています。

これから不動産を購入する世代にとって、自分の生涯所得金額の見込みに対して大きなウエイトを占める住宅の購入は、日常生活を豊かにするものではなく、不便で負担となるものだと考えられるかもしれません。

たとえば、35年ローンを組んで月々の支払額を抑えたとしても、それが払えなくなれば担保として差し入れたその住宅は差し押えられ、借金だけが残り、住宅は競売にかけられる可能性もあります。

会社の業績が悪くリストラされることもあれば、自分が働いている業界そのものが衰退する可能性もあります。実際に、今後コンピューターに取って代わられることで、なくなると予想されている職業もあります。

それなら、あえて不動産を所有しない選択をし、賃貸住宅に住む方が将来的なリスクが軽減されるかもしれないと考えるのは当然です。

不動産価格が下がっていく可能性が高い地区では、買わずに借りて住む選択をする人が多くても不思議ではありません。

賃貸住宅の使用者としてのモラルや責任は当然ありますが、所有者責任を負担する必要がなくなり、個人の事情や経済の変化によって自由に転居することが可能です。

リスクを覚悟で自分の不動産を所有するステータスにこだわるのか、状況に応じて好きな町に住み、常に新しい物件を賃貸し続けることを選ぶのかは、それぞれの価値観次第です。

ライフプランに合わせ、総コストの少ないマンションを購入する

賃貸でなく自己所有のマンション購入を希望する場合、転売できる可能性をしっかりと見極め、駅近、新築、狭め、総戸数が多くて価格が高めのしっかりした施工会社が建設した物件を選ぶことが肝心です。

特に、これからの時代は子どもがいても大丈夫な範囲の狭めの部屋で、戸数の多いマンションを選択すべきでしょう。

一般的に、20年前後で子どもは家を出ていきます。それを想定し、広過ぎないマンションを選べば、使っていない部屋の固定資産税を支払うこともなく、区分所有法に基づく割合で平米数に応じた修繕積立費や管理費を払うだけで済

みます。

また、30年以上経った後でも充分に販売できるようなしっかりした建物で、住み替えが利くような物件かどうかが重要になります。単身世帯が増え続けている日本では、広すぎる中古物件の需要は減り続けると言わざるをえないでしょう。

中古物件でも、新耐震基準のマンションで、こうした条件を満たしていればリスクは軽減されると考えられます。現段階で空室が目立つマンションは絶対避けるべきです。

さらに、規模の割に修繕積立費の少ない団地やマンションは管理規約をしっかり読んでおかないと、外壁塗装工事や大規模な工事などの際に個人負担額が大きくなる可能性があります。安いからといって飛びつくと、後々の出費に頭を抱えることになりかねません。

長く住んでいる住人に話を聞くなど、実際の状況を把握しておくことは判断する上で非常に重要です。

ハザードマップで所有する不動産について確認する

ハザードマップとは、自然災害による被害を予測し、予測される災害の発生地点、被害の拡大範囲および被害程度や避難場所、避難経路や防災関係施設の位置などを表示したもので、自然災害による被害の軽減や防災対策に使用する目的で作成された地図のことです。

ハザードマップを把握しておくことで、災害が発生したときに迅速かつ的確に避難できます。また、二次災害発生予想箇所も回避できるため、災害による被害の低減に効果があるとされています。地震、津波、河川の洪水や浸水、火山、林野火災などが表されているものから液状化ハザードマップまで、さまざまな災害に対するものが作成されています。

ハザードマップは国土交通省や市区町村のウェブサイトで公表していますので、不動産を購入する前には必ず確認しないといけません。

また、ハザードマップは自分が所有する不動産の価格変動を予想し、安全性を確かめるためにも必要不可欠です。

私たちの暮らしは、いま地球温暖化の影響とみられるゲリラ豪雨、土砂災害や河川の浸水などの脅威と隣り合わせです。地震大国に住む以上、災害リスクを無視するわけにはいきません。

ハザードマップの公表により、価格が下がった、不動産契約が白紙に戻ったなどのケースもあり、ハザードマップの存在を歓迎しない人もいるようです。しかし、人命にかかわる重要な内容ですから一度確認してみてください。

〈国土交通省ハザードマップポータルサイト〉

http://disaportal.gsi.go.jp/pamphlet/pamphlet.html

消滅可能性都市は避ける

人口減少に歯止めがかからない日本。２０４０年までに20～39歳の女性人口が半減すると予想される自治体は「消滅可能性都市」と言われています。「消滅可能性都市」は、全国の市区町村別に２０１０年（平成22年）から30年間の人口の移動を推計し、行政や社会保障の維持、雇用の確保などが困難になるとみられる自治体のことで、２０１０年の国勢調査を基に試算されたものです。しかも、全国約１８００市町村のうち約半数の８９６市町村が「消滅可能性都市」に該当すると「日本創成会議」が発表しています。

総務省の住宅・土地統計調査（速報集計）によれば、2013年の住宅全国総数6063万戸のうち820万戸が空き家で空き家率は過去最高の13・5%。そのうち「消滅可能性都市」と言われている地域での空き家率は非常に高くなっています。

2040年には空き家率が43%に達すると言われており、そうなれば不動産価格は暴落し、町全体が負動産の墓場になってしまう可能性もあります。

「消滅可能性都市」もハザードマップ同様、自分の住んでいる地域が該当すると不動産価値に影響が出てしまうため迷惑だと思っている人もいるでしょう。しかし、今後不動産を購入する人からすれば、こうした地域かどうかを確認して買うのは当然のことです。

行政サービスなど暮らしに直結する問題をはらんでいるだけに、十分に検討しましょう。

相続財産はできるだけ不動産以外の資産で残す

不動産の多くは現在の資産価値が数年後には下がってしまうことがほぼ確実ですが、現金での預金は減ることはありません。また、貴金属や金融商品は価値が下がる可能性もあれば上がる可能性も含んでいます。

このような現実を前提に考えれば、将来、利用する可能性の低い不動産を相続する可能性がある人は、今のうちに親と話をして売却できるうちに売却することが賢明になってきます。

あなたにとっては利用価値がなくても、長く使いたいという人もいるかもしれません。売却して現金化し、同居する、スープの冷めない距離の賃貸住宅に転居する、サービス付き高齢者向け住宅などに入居するといった可能性も老い支度として考えてみてはいかがでしょう。

どんなマンションを購入すれば失敗する確率は低いのか

では、不動産を所有するとき、どのようなポイントを押さえて購入すべきなのでしょうか。安くて良いものが欲しい。わがままな話ですが、それが人間というものです。

しかし、高い物件は需要の見込みがあることを示しているわけで、将来も価格の下落幅は少なく、売却も可能な物件と言えるのではないでしょうか。対して安い物件は総じて安くないと売れないわけで、将来性のない立地にあると考えられます。いずれ売る際に困らないためにも、目先の値段に囚われず30年先を見据えて選んでください。

たとえばマンションの場合、今後ますますひとり住まいの単身世帯が増えるので、広すぎるファミリー向けマンションは売却が難しくなる可能性がありま す。さらには、平米数に応じて負担する固定資産税や修繕積立費、管理費なども割高となりますし、戸数が少ないと1軒当たりの月々の負担金の割合も当然割高になります。

このように分譲マンションは固定資産税とは別に、月々の修繕積立費、管理費などのランニングコストがかかってきます。戸数が少なく、広い部屋を所有していると月々5万~10万円もかかるケースもあり、住宅ローン完済後も月々こうした経費がかかり続けるわけです。

こうした点を踏まえると、今後購入するのであれば、駅近くで、単身者世帯、または夫婦と子どもひとりの世帯向けの広さで、戸数の多い新築のマンションが望ましいといえます。

もちろんエレベーター付きで、信頼のおける建設会社が建てた物件であることは重要です。

こうした物件は現在の価格が高く、多少狭めでも、将来的に需要が保たれる可能性が高いので先々の売却も可能でしょう。そして、今後このような物件が駅近くに集中して開発されることが予想されます。

地域によって違いはありますが、すでに人口減少が著しい地方都市で、駅から遠く、広すぎで、戸数が少ない中古マンションはいくら安くても買うべきではありません。

そのような物件を買ってしまい区分所有権を登記すると、住む住まざるにかかわらず、転売が利かない限り永久にその部屋にかかり続ける税金や経費は払い続けなければなりません。実際に住居として活用できるならいざ知らず、こうした物件を所有してしまわないように充分注意してください。

しかし、立地が良いからと安心はできない面もあります。

どんな建物でも年月が経てば価値は下がっていきます。建物には耐用年数があるので、定期的なメンテナンスが必要になります。そして、いずれは解体しなければいけなくなるのは駅前であろうが不便な場所であろうが変わりません。

管理費や修繕積立費の費用負担は、小規模マンションの方が一戸当たりのコストが高くなるため、専有面積が同程度の住戸であっても小規模マンションと大規模マンションでは当然差が生じてきます。月々の差額は大きく感じなくても、30年、50年の間に支払う額の差は相当なものです。

たとえば、60〜70平方メートルの3LDKの管理費と修繕積立費を合わせた費用が月額3万円の場合と5万円の場合をくらべてみると一目瞭然です。

3万円の場合は30年で1080万円、5万円の場合は1800万円になります。50年では3万円の場合が1800万円、5万円の場合は3000万円にもなります。その差1200万円。あなたはこの差額をどう思いますか。

子どもがいるからといっても、将来は家を出ていくことになるでしょう。そうなると広すぎる家になるのです。

将来的な家族構成をよく考えながら不動産の広さを充分に検討してください。とにかく、今後は「築年数が古い、交通の便が悪い、戸数が少ない、面積が大きい」マンションは、どんどん売れにくくなる傾向にあるので要注意です。

たとえプラスの財産でも、不動産の相続は要注意

くどいようですが、あなたの相続財産が、たとえプラスの財産だけだったとしても、相続放棄をした方が良いケースに当てはまるかもしれません。

「えっ！　どうして放棄しないといけないんですか？」

そう思われるのは当然です。私自身、不動産業を始めて3年経った最近になって気づいたことなのですから。

きっかけは、半年ほど前に遺品整理をお手伝いしたある遺族からの1本の電話でした。

「父の遺品整理の節はお世話になりました。おたくの会社では不動産の売買も行っているとお聞きしたので相談に乗ってもらえませんか」

詳細を聞いてみるとこんな事実が判明しました。

この方はすでに都内にマンションを購入し、家族と住んでいます。今後、親が遺した実家のマンションに住むことはないので、遺品整理後近くの不動産会社に行って売却の依頼をしたそうです。しかし半年経っても全く売れない。不動産会社からも売却は難しいかもしれませんと言われてしまう始末。もちろん、管理費や修繕積立費はこの6カ月払い続けています。

売れないのならリフォームをして賃貸にしようかと思ったそうですが、リフォーム費用は300万円。皮肉にも売却価格の300万円と同額でした。

この方が相続したマンションは築40年の鉄筋コンクリート。駅からは徒歩15分以上。全戸数が20戸。エレベーターのついていない3階。60平方メートルで、間取りはひと昔前の3LDKでした。もちろん、事故物件ではありません。

では、売りに出して半年。なぜ、ひとつの問い合わせもないのでしょう。

この物件が300万円でも売れない理由ははっきりしています。おそらく、100万円に下げても売れないでしょう。それは、リフォーム代がかかるからではなく、月々の修繕積立費と管理費が3万円もかかる上に、旧耐震基準のマンションで耐用年数が少ないことが大きな要因でした。

国税庁の耐用年数表では、このマンションの耐用年数は47年となっていました。たとえ100万円で購入しても、年間に固定資産税が3万円かかる以外に月々のランニングコストが3万円、合計すると年間39万円になります。

ということは、10年で必要な固定資産税と修繕積立費、管理費の支払い合計額は390万円ということになります。

もちろん、この方自身が住むのであればそんなに高い費用ではなく、賃貸マンションを借りるより安いかもしれません。しかし、この方は自分のマンションを所有し、月々の住宅ローンも返済中です。

亡くなったおとうさんは子どものために一所懸命働き、マンションのローンを完済。さらに現金300万円も残してくれていました。相続人であるこの方は、現金300万円と古いながら住宅ローンを完済したマンションを遺してくれたおとうさんに感謝をし、何の疑いもなく父親が遺したものを相続しました。相続放棄のことを考える必要などないと思っていました。相続の手続きを依頼した司法書士からのアドバイスもありませんでした。

しかし……、事態は深刻でした。

つまり、300万円の現金と古いマンションの相続放棄をしなかったということは、そのマンションを売ればいくらかのお金になると思っていたからです。それが、売れない、貸せないことになるとは予想もしていませんでした。

相続放棄の期限は3カ月だと、すでに述べてきました。この3カ月の間に、このマンションは売れないだろうとわかっていたら、この方は相続放棄を考えたかもしれません。

こうしたマンションの場合、万が一にも購入希望者が現れてくれればラッキーです。しかし、現れなければマンションの区分所有権は放棄できません。つまり、10年で390万円、20年で780万円の支払い義務が生じるということです。相談を受けた私は、もちろん売却できるよう努力はしています。しかし、残念ながら、いままで1件の問い合わせもありません。

現在820万戸以上の空き家がある日本。賃貸マンションも10年ほど前から供給過剰となり、2013年の賃貸住宅の空室率は「18・9%」だと言われています。売れない、貸せない負動産は、相続人にとって1円の価値もないどころか、半永久的に固定資産税等の支払い義務から逃れられない金食い虫なのです。

将来、実家に住む予定のない人は、現段階での実家不動産の将来性と現状の価格を査定してもらい把握しておくことが重要です。

第6章　相続人になる前に知っておくべき知識

～自分は誰の相続人として何を相続するのか

故人の遺言書に「不動産を相続させる」と書いてあった場合

親が公正証書遺言で土地家屋など全ての不動産を相続させると書いていた場合は、親の遺志にそって不動産を引継いであげることが理想かもしれません。

しかし、その不動産が負動産であった場合でも公正証書遺言書の内容には従わなければならないのでしょうか？

もちろん、公正証書遺言の内容は有効ですが、遺言の執行者が本人であった場合でも、遺言執行者がその内容を実行するかどうかはその本人の判断に任せられており、実行しなくても何の問題もありません。

また遺言執行者でなくとも遺言の内容に従わなければならないわけではなく、相続放棄することに何の問題もないのです。

遺言書の内容はあくまでも故人の希望ですので、相続人がその内容について実行するかどうかまでは拘束力があるわけではないのです。

相続登記をしないと故人の不動産の売却ができない

故人の不動産を相続人が売却するときは、必ず不動産登記を行わなければなりません。

故人から物を買ったり、故人の権利の解約など各種手続きをしたくても、売主や当事者である故人の意思確認が困難なので、一旦、相続人が相続登記をして名義を変えてからでないと成立しないからです。

遺言書で意思確認ができても、名義がそのままであれば売却代金が故人に支払われることになってしまうので成り立たず、故人との直接取引は法律上認められません。

これが成立するのであれば、第三者が勝手に故人と契約したといって簡単に悪用されてしまいます。権利関係を明確にするためにも相続登記をして正式な相続人が一旦所有する必要があるのです。

予め相続後に売却することが決まっており、相続人が複数いる場合は、手続き上相続人を1名に絞る方が手続きを早く進められます。

結果として、早く売却できる方が価格的にもメリットが出やすいのですが、公正証書遺言などで明確にされている場合や、相続人どうしの関係が良好な場合でないと相続争いに発展し、相続手続きが停止してしまうので注意してください。

相続争いに発展してしまうと、話がまとまるまでに何年もかかるケースが多く、建物は古くなるわ、土地価格は下落するわで、とんでもなく大きな損失になるのは間違いありません。

一般的に相続登記の代行は司法書士が行っていますので、早い段階で相談してみてはいかがでしょうか。

死後10年以上固定資産税を払い続けている故人の存在

ところが、不動産売却の相談の中では相続登記をせずにそのまま放置しているというケースが非常に多いのです。

亡くなってまだ間もないのであれば手続きはまだかと思いますが、1年～3年、中には10年以上前に亡くなった祖母の名義のままで相続手続きや相続登記を行っていないケースもあるのですから驚きます。

書面上は、10年も前に亡くなったおばあさんが、死後もずっと固定資産税を払い続けてきたことになるのですね。

これは、相続争いに発展し相続人が確定しないために相続登記ができないケースや、誰も相続財産を当てにしていないので、手続きが面倒なため何もせずに放置されていたためです。

では、なぜ戸籍上亡くなっている人が10年も納税し続けることが可能なのでしょう。

固定資産税は、法務局に登記されている固定資産の所有者へ納税通知書を送る仕組みになっています。法務局は遺産分割後の遺族や第三者からの相続登記申請がない限り、その所有者が死んでいるのか生きているのかはわかりません。送られてきた納税通知書で誰かが代わりに支払えば、納税処理が完了したことになるのです。

固定資産税の徴収の仕組み

さて、固定資産税とはどのような税金で、どこに払うのでしょうか。固定資産税とは、毎年１月１日に土地や家屋等の固定資産を所有している人に市区町村などが課する地方税です。固定資産の課税標準額は固定資産税課税台帳に記載された額で3年に1回見直されます。

毎年1月1日の時点での固定資産の所有者＝固定資産税課税台帳登録者となりますので、台帳登録者が固定資産税の納税義務者となり、その人宛てに納税通知書が送られます。

賦課期日である1月1日の固定資産の所有者に、その年の固定資産税の「全額」が課税されますので、年の中途でその固定資産を他に譲渡した場合でも、売却後の期間に応じた税額分を還付されることはありません。

不動産取引の場合は、1月1日時点の所有者（売主）が一旦固定資産税を立替え、決済日を境にして日割り計算をし、買主がその費用を支払うことになります。

固定資産税の納付方法は「普通徴収」といって1月1日の固定資産の所有者に市町村から納税通知書が送られてきますので、通常であれば納付書を送付された人が銀行や郵便局、コンビニなどで支払います。

しかし、法務局に登記されている固定資産の所有者が前出のおばあさんのように亡くなった後も変更されないままになっている場合、代わりに受け取った人が支払い続ければ納税が完了するわけです。

結果、亡くなった人が固定資産税を払い続けていることになっても法務局は不思議には思わないのです。

固定資産税の支払い義務は、相続放棄で回避できる

相続したくない財産、相続すると大変なことになる財産は、相続放棄の手続きにより、負債や滞納された税金などの支払い義務から解放されます。

しかし、こうした方法を知らずに負動産を相続してしまい、その負債に苦しんでいる人が世の中にたくさんいるのですから、相続放棄がそのような人たちの味方であることは間違いありません。

もし一度、相続してしまった不動産によって負うことになる固定資産税などの支払い義務が発生した場合は、その義務から逃れる方法は、誰かに売却するかもらってもらい、その人の名前に登記変更するしかありません。

もちろん、固定資産税は3年に1回見直しがありますので、売れない貸せな

い活用できない土地は納税額が下がることが予想されます。とはいえ、固定資産税が0円になることはありません。

なぜなら、地方自治体は、国民や民間企業に土地を貸して地代を徴収しているようなもので、固定資産税が地方税の約半分を賄っているのですから、払い続けてもらわないと財政に大きな影響が出てしまいます。一旦、不動産を所有した人が逃げられない制度になっているのです。

自分の意思で購入した不動産ならいざ知らず、相続によってその支払い義務を負うのは酷なので、「相続放棄」ができる権利を国民に与えているのです。

知っておきたい相続放棄の手続き

相続放棄をする場合は裁判所へ申述を行います。そして、必要となるおもな書類は以下の通りです。

- 相続放棄申述書（裁判所のウェブサイト、または家庭裁判所にあります）
- 申述人（相続人）の戸籍謄本
- 被相続人（故人）の住民票の除票（戸籍附票）

・収入印紙（1人800円）
・申述人（相続人）の認印
・返信用の郵便切手（裁判所によって異なりますが1人400円分程度）
・被相続人（故人）との関係が分かる戸籍（除籍）謄本など
※相続人の立場によって用意する書類が変わってきます。

相続放棄をする場合、相続人があなたひとりの場合は以上の書類を用意して直接家庭裁判所へ行くか、「郵送」にて申述します。相続放棄申述書を家庭裁判所に提出すると、1週間程度で家庭裁判所から「相続放棄の申述についての照会書」が郵送されてきますので、この照会書に書かれているいくつかの質問事項に回答し、家庭裁判所に返送します。問題がなければ相続放棄申述受理通知書が家庭裁判所から郵送されてきます。これを受け取ることによって相続放棄が受理されたことになります。

もし、債権者から債務の返済や負担を迫られた場合、この「相続放棄申述受理通知書」を見せれば、それ以降は債務の負担を迫られることはなくなるのが通常です。

基本的に相続放棄は相続人それぞれが相続放棄を申述する必要がありますが、複数名分をまとめて相続放棄申述する場合は、重複する書類を省略できる場合があります。

ただし、順位の異なる相続人については同時に申述することができませんので注意が必要です。先の順位の人が全員放棄してからでないと、相続権そのものが発生していないのですから次の順位の人は相続放棄することはできないため、同時申請は不可能なのです。


以上のような手続きによって相続放棄はできるのですが、注意すべき点は相続放棄ができる期間が決められているということです。その期間を過ぎてしまうと、原則、相続を承認したとみなされ、それ以後は相続放棄できなくなります。あくまでも原則ですが、たとえ1日でも過ぎてしまえばもう手遅れと思ってください。

では、いつから計算していつまでに申述しなくてはいけないのでしょうか。

申述は、民法により自己のために相続の開始があったことを知ったときから熟慮期間である３カ月以内にしなければならないと定められています。

もし、相続人が自己のために相続の開始があったことを知ったときから３カ月以内に相続財産の状況を調査しても、相続を単純承認するか放棄するかを判断する資料が得られない場合には、相続の承認又は放棄のための熟慮期間を延長してもらうように申し立てることで、家庭裁判所はその期間を延長してくれる場合もあります。

熟慮期間を必要とする場合のほとんどが、被相続人である故人の相続財産の中に借金などのマイナスの負債がいくらあるのかが確定しないときで、負債返済後ある程度のプラスの相続財産が残る可能性がある場合です。

また、被相続人の債務がどの程度あるか不明で、財産が多少でも残る可能性も残されている場合は、相続人が相続によって得た財産の限度内で被相続人の債務の負担を受け継ぐ〝限定承認〟という手段があります。

要するに、プラスの財産を超えるマイナスの債務が出た場合はプラスの範囲内だけを支払えばその超過分までは負債を負わなくてもいいという手段です。

限定承認をするには、相続人が家庭裁判所にその旨の申述をしなければなりませんし、相続人全員が共同して行う必要がありますので注意してください。

相続放棄は3カ月以内にしなければならない

何度も言うように相続放棄の手続きは、相続人が相続の開始を知った日から3カ月以内とされており、原則その期間内に裁判所に受理されなくてはいけません。もちろん受理されても100%相続放棄を認められるかは別の問題ですが、相続放棄が認められたと考えるのが通常です。

また、相続放棄は個人単位で行うため、相続人全員が手続きをしないと放棄をしていない人にすべての負担が集約するので注意してください。未成年や胎児が相続人にあたる場合は、親権者や法定代理人や後見人がその事実を知った日から3カ月以内の手続きが必要となるそうです。

例外として、相続人がその故人の債務（借金や個人保証）をまったく知らなかった場合は、被相続人が亡くなって3カ月を経過した場合でも、相続放棄を認められた判例があるようですが、相続した不動産を売却しようと思ったが売れないので相続を放棄したいと思っても、すでに被相続人が亡くなってから3カ月経過していた場合、相続放棄は認められることはありません。

故人の債務のうち住宅ローンの返済が残っていたとしても、返済途中で借り換えなどを行っている場合は、一般的には金融機関の住宅ローン利用と同時に「団体信用生命保険」に加入しているはずですので、この場合故人に代わり残額は保険金で支払われますので、相続人がその支払い債務を相続するケースはほとんどありません。

このように住宅ローンに関しては契約者が亡くなった時点で、債務ではなくなるので他の負債がない限り相続放棄を考える必要はありません。

相続放棄の意思表示は被相続人が死亡してから

相続放棄について誤解している人が意外に多いので、ここで簡単に述べておきましょう。

たとえば、生前から負動産だとわかっていたので、「相続は放棄する」という書類に署名捺印し親に渡しておいたので、すでに相続放棄をしたと思い込んでいるケースです。しかし、この時点での実印の署名捺印は、遺産分割協議においては無効となります。

相続するか相続放棄するかの決定権は被相続人の死亡時から発生するもので、被相続人が亡くなる前に相続放棄に関する書面に署名捺印していても、その相続放棄は無効になります。そして、法定相続分は残ったままです。

つまり、相続の開始を知った日から3カ月以内に、裁判所へ相続放棄の手続きをしない限り負動産から逃げられないのです。

また、生前に、たとえば兄が弟に「財産放棄をする」という意思を確認し、実印の署名捺印をさせていたとしても、弟さんが相続の発生後に「やっぱりもらえるものはもらいたい」と言い出した場合、それは弟さんの当然の権利ですので、弟さんの法定相続分は残っています。

不動産の相続放棄時に注意するべきこと

期限内に不動産相続放棄の手続きを済ませ受理された場合は、負債の支払いを請求されることはほとんどなくなりますが、意外に知られていない重大な事項がありますのでお伝えします。

実は、相続放棄が受理されたのにもかかわらず、損害賠償請求を受けることになるかもしれない遺族がたくさんいるのです。

なぜ相続放棄をした後に責任を負わされることになるのか不思議ですよね。

実は、民法では〝相続放棄をした者は、その放棄により相続人となった者が相続財産の管理を始めることができるまで、「自己の財産におけるのと同一の注意をもって、その財産の管理を継続」する義務を負う〟（民法第940条1項）とされているからです。

要するに相続放棄が受理された後でも、次順位の相続人に引き渡すか、裁判所によって相続財産管理人が選任されるまでは、管理責任が残っているということになります。

ですので、厳密にいうと相続放棄の手続きと併せて相続財産管理人の選任を裁判所に申し立てし、相続財産管理人が選任されるまでは管理責任からは解放されないので、万が一その建物の倒壊などによって隣家や通行人に損害や怪我を負わせてしまった場合は、その責任を追及される可能性があるということです。

しかし、現実には相続財産管理人の選任の申し立てをされている方は非常に少ないのです。

ではなぜ、相続放棄をしたにもかかわらず相続財産管理人選任の申し立てをする人が少ないのでしょうか？

相続放棄手続きを専門に行っている司法書士の先生に聞いたところ、実際に問題となったケースが少ないためという理由と、申立人が裁判所に納めないといけない予納金の額が高額だからではないかということでした。

そこで予納金の額を聞いたところ、地域によって異なり、東京や大阪の場合は100万円ほどの予納金が必要なのだそうです。

この費用は、司法書士などの申請代行費とは別で、相続財産管理人として選任された弁護士に支払われる費用等で、裁判所に支払うことになります。

そもそも無価値の財産や負債を背負わないための相続放棄ですので、そんな費用を支払うなんて考えられないということになるわけです。

不動産以外に現金などが残されていた場合

　このように相続放棄を完璧に行うためには高額な費用が必要になるとご理解いただけたと思います。

　自己破産するにもお金がないのでできないなんて話を聞くことがありますが同じような感じもしますよね。

　しかし、借金ではなく負動産の放棄が目的の相続放棄の場合、負動産以外に預金などが残っている場合があります。

　このような場合は相続放棄した後でも、その預金を相続財産管理人が清算し優先的に裁判所に予納したお金が返金されることになりますが、いずれにしても先に予納金を納めないと相続財産管理人が選任されず、清算が開始できないということになるのです。

　仮に２００万円の預金が残っていたケースで相続放棄した場合は、１００万円の予納金は清算後戻ってきますが、相続放棄したことには変わりがないので、残りの１００万円がもらえるわけではありません。

マイナスの相続財産を把握する

　まさかの債務を背負わされ、苦しんでいる遺族が世の中には大勢いますので、ここではマイナスの財産（負の財産）に該当する具体例を挙げておきましょう。

・銀行や消費者金融からの借金
・車のローン
・滞納していた家賃
・故人が借りていた住宅の原状回復費
・第三者に負わせた損害の補償など
・亡くなった被相続人の未払いの医療費
・未払い所得税・住民税・固定資産税などの税金
・故人が保証人となっていた契約
・故人に対する恨み
・故人が借りっぱなしで返却していない物
・分譲マンションの修繕積立費や管理費の滞納
・不動産（負動産）の所有権　※一部の不動産はプラスの財産です。

これらですべてではありませんが、最低限の確認事項だと思ってください。さらにはマイナスの財産だけでなく、本来受け取るはずの保険金などが受け取れなかった場合や、余分な費用を支払う羽目になる場合など、すぐに確認しなかったために手がかりを失ってしまうこともあるようです。

身内が亡くなると、ゆっくりと悲しみに暮れている暇も、死の事実を受け入れる時間もありません、バタバタとしているうちに間違ってマイナスの財産を相続してしまわないように、事前にある程度確認と想定をすることが大切です。

「限定承認」という相続手続きの方法

相続放棄とは別に「限定承認」という手続きがあります。これも相続放棄と同様、裁判所への手続きです。現在、限定承認の手続きができる専門家は全国でもほとんどいませんが一般ユーザーのニーズはかなりあります（年間８００件程度に対して相続放棄は17万件を超えています）。

限定承認とは、通常の相続のように、財産も債務も引き継ぐ代わりに、もし、引き継いだ財産より多くの負債が後日発覚した場合、引き継いだ財産の金額の限度でしか債務を負わないという制度です。

相続した段階で、不動産などの財産もあるが債務がどれぐらいあるのかもはっきりしない場合や、不動産も債務もはっきりしているが、最終的に不動産がいくらぐらいになるのかわからない場合などに、万が一債務の額のほうが大きいと後で判明しても、引き継いだ財産の限度でしか責任を負わない（要はマイナスにならない）というリスクヘッジの面で非常に合理的な手続きです。

ただし、現実には手続が煩雑で、税金の計算も特殊であることから弁護士・司法書士のような法律家も税理士のような税務家も経験のある人がひじょうに少なく、現実にはほとんど行われていません。

また、相続放棄と違い限定承認の裁判所への申述は、「相続人全員」で行わなければいけないので、一人でも同意しない相続人がいると手続きができません。ただし、相続放棄した相続人を外して手続きができるので、実際に行っている専門家の話では、財産を受け取る相続人だけを残し限定承認を行い、財産を一切受け取らない相続人については相続放棄をしてもらうケースが多いようです。

この手続きをした場合は、まず相続不動産をお金に換えて、判明している債権者に配当を行います（相続人が買い取ることもできます）。

配当が終了して余った財産はそのまま相続人のものとなり、万が一、後日債権者が発覚した場合は、発覚した時点で残っている相続財産の範囲で支払いを行うだけで、それ以上の負債を負うことはありません。

しかし、債務と同時に売れる不動産やある程度の財産が残されていた場合のみの話なので、債務や負動産だけの場合は、相続放棄の手続きを行うことしかできません。

負動産では相続税の物納はできない

相続税などが払えないため相続した不動産を物納するという話を聞いたことがある人もいるかもしれません。

相続税については、延納によっても金銭で納付することを困難とする事由がある場合、納税者の申請によりその納付を困難とする金額を限度として一定の相続財産による物納が認められています。しかし、無価値の負動産では物納はできません。

以下のような不動産は管理処分不適格財産とみなされ、物納に不適合とされることになります。

・担保権が設定されていること、その他これに準ずる事情がある不動産
・権利の帰属について争いがある不動産
・境界が明らかでない土地
・隣接する不動産の所有者、その他の者との争訟によらなければ通常の使用ができないと見込まれる不動産
・他の土地に囲まれて公道に通じない土地で、民法第210条の規定による通行権の内容が明確でないもの
・借地権の目的となっている土地で、その借地権を有する者が不明であることその他これに類する事情があるもの
・他の不動産（他の不動産の上に存する権利を含みます）と社会通念上一体と

して利用されている不動産、若しくは利用されるべき不動産、またはふたり以上の者の共有に属する不動産

・耐用年数（所得税法の規定に基づいて定められている耐用年数）を経過している建物（通常の使用ができるものを除きます）

・敷金の返還に係る債務、その他の債務を国が負担することとなる不動産

・その管理、または処分を行うために要する費用の額がその収納価額と比較して過大となると見込まれる不動産

・公の秩序、または善良の風俗を害するおそれのある目的に使用されている不動産、その他社会通念上適切でないと認められる目的に使用されている不動産

・引渡しに際して通常必要とされる行為がされていない不動産

・地上権、永小作権、賃借権その他の使用および収益を目的とする権利が設定されている不動産で次に掲げる者がその権利を有しているもの

①　暴力団員による不当な行為の防止等に関する法律第2条第6号に規定する暴力団員、または暴力団員でなくなった日から5年を経過しない者（以下「暴力団員等」という）

② 暴力団員等によりその事業活動を支配されている者

③ 法人で暴力団員等を役員等（取締役、執行役、会計参与、監査役、理事及び監事並びにこれら以外の者で当該法人の経営に従事している者並びに支配人をいう）とするもの

要するに、物納した不動産が有効に活用される可能性があれば物納が認められるので、物納をするくらいなら不動産業者と相談して売却あるいは賃貸などの活用を考えた方がいいと思われるケースがほとんどです。

逆に言えば、売れない、賃貸にも活用できない不動産は物納も困難だと思っておいた方がいいでしょう。

何度も述べてきたように、相続が始まる前にその対象となる不動産の健康診断を行い、予想される相続税や不動産の現況を調べておきましょう。

あとがき

いかがでしたでしょうか。

まるで、私が「不動産を購入してはいけません」と言っているように思われたかもしれません。

たしかに、人口減少と不動産の供給過剰による不動産神話の崩壊によって、自分の不動産が〝負動産〟になってしまう可能性が高くなっているのは事実です。

しかし、不動産を所有している人が、負動産だからといって誰かに押し付けてよかったと喜ぶわけにもいかないのです。

本文中にも書いたように、ババ抜きのごとく負動産をたらい回しにして最後に受け取った人が辛い思いをするような状況を変えるために、不動産の新たな価値を生み出さなければなりません。

これまでの日本では、人口の増加に伴い住宅需要が伸び続けていたために、不動産は生活をするための住まいとしての意味だけでなく、転売することによって大きな利益を生み出せる宝の山でもありました。

ある意味では、個人が不動産の売買によって商売ができた時代だったということです。

ところが、高度成長の時代とともに自由競争が加速し、国民の選択肢が増え、自由と便利さの追求が始まりました。そして、個人の権利が尊重され、人間関係や家族関係までもが煩わしいと考える人たちが少しずつ増えてきたのです。

結果として自分の生きがいや、不動産取得のためには子どもの数を制限しないと経済的にバランスが取れなくなり、少子化が進んでしまいました。

そして、本来の意味が本末転倒となり、人口減少に拍車がかかり不動産の供給過剰が起こってしまい、不動産価値が下落してしまったことで、不動産神話は崩壊してしまいました。

どんなものでも古くなったら価値が落ちるのに、世の中全体が不動産だけは時間とともに価格が上がる特別なものだと錯覚していたのかもしれません。


しかし、不動産の金銭的な価値は崩壊しましたが、不動産の価値はそれだけではありません。本来、不動産を所有する意味は、住むためだけのものではなく、さまざまな活用方法があり、利用する人によって不動産の価値は変わるものなので不動産の価値がまったくなくなったわけではないのです。

また、不動産を所有することによって可能になることや、不動産を所有することによって得られる満足感などがあり、その価値を求める人にとっては、不動産そのものの金額的な価値が安くなっても充分に意味があるといえるのです。

つまり、不動産に限らず価値には、需要が高まれば自然に高まるそのもの自体の金額的価値と、そのものによって二次的に得られる価値とがあるということです。

たとえば、多くの不動産を所有している高齢者の中には、まだ不動産の価値があると信じている方もたくさんいますし、この方たちにとってみればたくさん所有しているという精神的な満足感だけでも十分に価値はあります。

また、持ち家だから可能な生活による子どもの頃の楽しかった記憶や、その家に残っている歴史や生活の思い出も他に代えがたい価値でもあります。

ですから、人によって不動産にもさまざまな価値があり、価値は金額だけで表すことができるものではないのですね。

これからは不動産の金銭的価値だけでなく、個々の本質的な価値を見出していかないといけない時代になったということです。


また、これから不動産を購入したいと考えている方もたくさんいると思います。

努力してその目的を叶えることができた人にとってみれば、たとえ10年後に金額的価値が落ちたとしても、購入時の達成感や満足感、またその家で過ごした思い出や、快適な生活や休息によって経験できることを考えると充分に意味のある買い物だったと思えるはずです。

しかし、高額な買い物なので、不動産を購入する場合はローンを完済するまでの計算だけでなく、その後のランニングコストもしっかりと計算しておかないと、せっかく手に入れた不動産を手放さなくてはいけなくなるかもしれないということだけは忘れてはいけません。

つまり、不動産を所有している人、これから不動産を所有しようと考えている人は不動産の価格変動や法律などの知識を得て確認して、以前よりも増したリスク対策も考えておくことが重要な時代になったのです。

不動産は高額なため生活に大きな影響を与えますので、衝動買いをすることなくしっかりと時間を掛けて、少なくとも30年以上先までのライフプランも考えて結論を出すようにしてください。

また、あなたが不動産の健康診断を行ったことがなかったら、まずは自分自身でホームページで近隣の売買物件を検索してみてから、最寄の不動産会社へ査定の相談をしてみてください。無料で査定してくれる良心的な不動産会社はたくさんあるはずです。

末筆にはなりますが、この本を書こうと思ったきっかけは、相続によって突然引き継がれることになった負動産で困っているご遺族の相談をたくさん受けたことでした。

自らが望んで所有した不動産で自分が苦しむのは自分の勝手です。しかし、不動産は相続によって遺族に負担を掛けることもある時代になったということだけはしっかりと認識してもらいたいと思っています。

皆さんにとって不動産が充実した生活のためのプラスの存在になることを願っております。

また、不動産に関する法律は非常に細かく、この本で紹介した内容はそのごく一部にすぎません。また、法改正も定期的に行われているため、実際に不動産を売却する際は、最新の法律や制度に基づいた情報を提供してくれる安心できる不動産会社に相談するようにしてください。

出版に当たり、友人の山岡一也さん、椎葉基史さん、武内優宏さん、柴田純一さんにアドバイスを頂きました。ありがとうございました。

吉田太一

吉田太一《よしだ・たいち》

1964年生まれ。大阪府出身。日本初の遺品整理専門会社「キーパーズ有限会社」代表取締役。独居老人の増加に伴い身内の遺品の整理で困っている人が多いことに着目し、「天国へのお引越し」をキャッチフレーズとした同社を設立。年間1500件以上におよぶ遺品整理サービスを提供するほか、年間 50 回以上の講演活動、メディア取材で全国を飛び回る。また相続不動産の売買を専門に行う不動産サービス「ホームパック」の運営や、相続手続きの相談のために司法書士等を紹介するサイト「サムライ業ナビ」を運営する。著書は『遺品整理屋は見た!』(扶桑社)、『おひとりさまでもだいじょうぶ。』(ポプラ社)、『私の遺品お願いします。』(幻冬舎)ほか多数。さだまさし原作の映画『アントキノイノチ』のモデルとしても知られる。日本ペンクラブ会員。

編集協力　小梶さとみ
イラスト　コイズミアキコ

ポプラ新書
065
あなたの不動産が
「負動産」になる
相続・購入する前に今すぐやるべきこと
2015年8月1日 第1刷発行

著者
吉田太一

発行者
奥村 傳

編集
碇 耕一

発行所
株式会社 ポプラ社
〒160-8565 東京都新宿区大京町22-1
電話 03-3357-2212(営業) 03-3357-2305(編集) 0120-666-553(お客様相談室)
振替 00140-3-149271
一般書編集局ホームページ http://www.webasta.jp/

ブックデザイン
鈴木成一デザイン室

印刷・製本
図書印刷株式会社

N.D.C.673/214P/18cm ISBN978-4-591-14629-3

生きるとは共に未来を語ること 共に希望を語ること

昭和二十二年、ポプラ社は、戦後の荒廃した東京の焼け跡を目のあたりにし、次の世代の日本を創るべき子どもたちが、ポプラ(白楊)の樹のように、まっすぐにすくすくと成長することを願って、児童図書専門出版社として創業いたしました。

創業以来、すでに六十六年の歳月が経ち、何人たりとも予測できない不透明な世界が出現してしまいました。

この未曾有の混迷と閉塞感におおいつくされた日本の現状を鑑みるにつけ、私どもは出版人としていかなる国家像、いかなる日本人像、そしてグローバル化しボーダレス化した世界的状況の裡で、いかなる人類像を創造しなければならないかという、大命題に応えるべく、強靭な志をもち、共に未来を語り共に希望を語りあえる状況を創ることこそ、私どもに課せられた最大の使命だと考えます。

ポプラ社は創業の原点にもどり、人々がすこやかにすくすくと、生きる喜びを感じられる世界を実現させることに希いと祈りをこめて、ここにポプラ新書を創刊するものです。

未来への挑戦!

平成二十五年 九月吉日

株式会社ポプラ社